उल्लंघन

राजेश जोशी

राजकमल प्रकाशन

ISBN : 978-93-90971-24-4

मूल्य : ₹395

पहला संस्करण : 2021

प्रकाशक : राजकमल प्रकाशन प्रा.लि.
1-बी, नेताजी सुभाष मार्ग, दरियागंज
नई दिल्ली-110 002
शाखाएँ : अशोक राजपथ, साइंस कॉलेज के सामने, पटना-800 006
पहली मंजिल, दरबारी बिल्डिंग, महात्मा गांधी मार्ग, प्रयागराज-211 001
36 ए, शेक्सपियर सरणी, कोलकाता-700 017
वेबसाइट : www.rajkamalprakashan.com
ई-मेल : info@rajkamalprakashan.com

मुद्रक : बी.के. ऑफसेट
नवीन शाहदरा, दिल्ली-110 032

ULLANGHAN
Poems by Rajesh Joshi

इस बीच बिछुड़ गए अनेक दोस्तों को
याद करते हुए...

•••

क्या इस महाविपदा के बाद हम उसी तरह लिख सकेंगे जैसे पहले लिखते रहे थे? कहना कठिन है। इस बीच न जाने कितने मित्र, कितने स्वजन इस तरह बिछुड़ गए कि अन्तिम समय न उनसे मिला जा सका, न ही उनको विदा दी जा सकी। उनकी हज़ारों यादें मन में बसी हैं। सत्ता और व्यवस्था की निष्क्रियता और कुटिलता के कारण भी हमें बहुत सारे लोगों को खोना पड़ा। यह समय सिर्फ़ महाविपदा के लिए ही नहीं, सत्ता के अमानवीय व्यवहार के लिए भी याद रखा जाएगा। इस संग्रह को बनाते समय मन में एक अजीब-सा मिला-जुला उत्साह और निराशा थी। मन में एक भरोसा था कि सब ठीक हो जाएगा।

प्रतिरोध की गतिविधियों में हिस्सेदारी करते हुए एक बार फिर हम इस दुनिया को बदलने और एक बेहतर दुनिया बनाने की कोशिश में लग जाएँगे। इस बीच असमय ही चले गए मित्रों के अधूरे स्वप्नों के क़र्ज़ कुछ हद तक चुक सकेंगे।

लेकिन ऐसा नहीं हुआ। मन थका हुआ है, निराशा और उदासी से भरा है। इस दौर से थोड़ा पहले बहुत-सी कविताओं पर काम किया था। उनको पूरा किया था। बार-बार अपनी बहुत सारी कविताओं के बीच से इनको चुना था। मैं एक ही मूड में कविताएँ कभी नहीं लिख पाया। बदलते हुए समय के साथ, बदलते हुए मूड्स के अनुसार कई तरह की कविताएँ, एक अन्तराल में लिखी जाती रही हैं। यही सबसे बड़ी दिक़्क़त मेरे साथ होती है कि अलग-अलग समय में, अलग-अलग मूड्स में लिखी कविताओं को किस क्रम में रखूँ।

इस तरह इस संग्रह में कुछ बेतरतीबी नज़र आएगी। इस बेतरतीबी को कवि के बेतरतीब मूड्स में रखकर पढ़ने की कोशिश करें।

—राजेश जोशी

क्रम

उल्लंघन

उल्लंघन कभी जान-बूझकर किये और कभी अनजाने में
बन्द दरवाज़े बचपन से ही मुझे पसन्द नहीं रहे
एक पाँव हमेशा घर की देहरी से बाहर ही रहा मेरा
व्याकरण के नियम जानना कभी मैंने ज़रूरी नहीं समझा
इसी कारण मुझे कभी दीमक के कीड़ों को खाने की लत नहीं लगी
और किसी व्यापारी के हाथ मैंने अपना पंख देकर
उन्हें ख़रीदा नहीं।[1]

बहुत मुश्किल से हासिल हुई थी आज़ादी
और उससे भी ज़्यादा मुश्किल था हर पल उसकी हिफ़ाज़त करना
कोई न कोई बाज झपट्टा मारने को, आँख गड़ाए
बैठा ही रहता था किसी न किसी डगाल पर
कोई साँप रेंगता हुआ चुपचाप चला आता था
घोंसले तक अंडे चुराने

मैंने तो अपनी आँख ही तब खोली
जब सविनय अवज्ञा के आह्वान पर सड़कों पर निकल आया देश

1. मुक्तिबोध की कहानी, 'पक्षी और दीमक'

उसके नारे ही मेरे कानों में बोले गए पहले शब्द थे
मुझे नहीं पता कि मैं कितनी चीज़ों को उलाँघ गया
उलाँघी गई चीज़ों की बाढ़ रुक जाती है
ऐसा माना जाता था

कई बार लगता है कि उल्लंघन की प्रक्रिया
उलटबाँसी बनकर रह गई है हमारे मुल्क में
हमने सोचा था कि लाँघ आए हैं हम बहुत सारी मूर्खताओं को
अब वो कभी सिर नहीं उठाएँगी
लेकिन एक दिन वो पहाड़-सी खड़ी नज़र आईं
और हम उनकी तलहटी में खड़े बौने थे

लेकिन यह न समझना कि मैं हताश होकर बैठ जाऊँगा
उल्लंघन की आदत तो मेरी रग-रग में मौजूद हैं
बन्दर से आदमी बनने की प्रक्रिया के बीच
इसे अपने पूर्वजों से पाया है मैंने

मैं एक कवि हूँ
और कविता तो हमेशा से ही एक हुक्म-उदूली है
हुकूमत के हर फ़रमान को ठेंगा दिखाती
कविता उल्लंघन की एक सतत प्रक्रिया है
व्याकरण के तमाम नियमों और
भाषा की तमाम सीमाओं का उल्लंघन करती
वह अपने आप ही पहुँच जाती है वहाँ
जहाँ पहुँचने के बारे में कभी सोचा भी नहीं था मैंने
एक कवि ने कहा था कभी कि स्वाधीनता घटना नहीं, प्रक्रिया है[1]

---

1. अज्ञेय का कथन।

उसे पाना होता है बार-बार...लगातार
तभी से न जाने कितने नियमों की अविनय सविनय अवज्ञा करता
पहुँचा हूँ मैं यहाँ तक!

[2017]

अभिशप्त सपने और समुद्र के फूल

उठती है जितनी तेज़ी से ऊपर
चढ़ते ज्वार की लहर
गिरती है उतनी ही तेज़ी से नीचे
लौटते हुए लेकिन धीरे-धीरे
धीमी होती जाती उसकी गति
घर की ओर वापस लौटते हुए
रास्ता जैसे हमेशा लम्बा लगता है

किनारे की रेत पर बचा रहता है
बहुत देर तक लौटती लहर का गीलापन
बचे रहते हैं रेत पर
लहर के वापस लौटने के निशान
रेत पर बनी लहरों के बीच
मैं समुद्र की ओर जाते और वापस लौटते
अपने पाँवों के निशान बनाता हूँ
हर अगली लहर ले जाती हैं जिन्हें अपने साथ

स्मृति में समुद्र की, होंगे करोड़ों पाँवों के निशान
रेत पर लिखे हमारे नाम और हमारे घरौंदे

हर बार अपने साथ ले जाएगी लहर
फिर भी न हम लिखना छोड़ेंगे अपना नाम
न समुद्र छोड़ेगा साथ ले जाना उन्हें
बुद्ध की जातक कथा के कौवे
नहीं आएँगे समुद्र को उलीचकर
हमारे नाम, हमारे घरौंदे या पाँवों के निशानों को वापस लाने
गोताखोर समुद्र की गहराइयों में लगाएँगे छलाँग
खोजकर लाएँगे तरह-तरह की चीज़ें
उनमें हमारे नाम, हमारे सपने, हमारे घरौंदे
नहीं होंगे कहीं...

तब तक शायद वो कॉरेल्स बन चुके होंगे
क्या हमारे अधूरे अभिशप्त सपने बन जाते हैं एक दिन
तारे या समुद्री फूल
जब तुम उन सुन्दर और आकर्षक फूलों को छुओगे
तो मन ही मन पूछोगे कि ये इतने कठोर क्यों हैं
क्यों चुभते हैं इनके किनारे काँटों की तरह
तब हमारे समय के पन्नों को पलटना
तुम जान जाओगे कि यह फूल बनने से पहले सपने थे
इसलिए अब भी सुन्दर थे और आकर्षक भी
कि हर कोई उनको आकार लेता देखना चाहता था

ये हमारे सपने ही थे जिन्हें एक नृशंस समय ने
इतना कठोर और नुकीला बना दिया
पर शायद इसीलिए ये आज भी
मिटने से बच गए!

[30.3.17]

इसीलिए तो तुम पहाड़ हो

शिवालिक की पहाड़ियों पर चढ़ते हुए हाँफ़ जाता हूँ
साँस के सन्तुलित होने तक पौड़ियों पर कई-कई बार रुकता हूँ
आने को तो मैं भी आया हूँ यहाँ एक पहाड़ी गाँव से
विंध्याचल की पहाड़ियों से घिरा है जो चारों ओर से
मेरा बचपन भी गुज़रा है पहाड़ियों को धाँगते
अवान्तर दिशाओं की पसलियों को टटोलते और
पहाड़ी के छोर से उगती यज्ञ-अश्व की खोपड़ी
जैसी उषाएँ देखते हुए

सब कहते हैं विंध्याचल एक झुका हुआ पहाड़ है
अगस्त्य को दक्षिण का रास्ता देने के लिए वो झुक गया था
और सदियों से उनके लौटने की प्रतीक्षा कर रहा है
मैंने कितनी बार विंध्याचल के कान में जाकर फुसफसाकर कहा
चिल्ला-चिल्लाकर, गला फाड़कर कहा
कि ऋषियों की बातों पर भरोसा करना बन्द कर
ऋषि अपने स्वयं के झूठ से नहीं डरते
वो सिर्फ़ दूसरों को झूठ से डरना सिखाते हैं

पौड़ियाँ चढ़ते हाँफ जाता हूँ
पर शिवालिक की चढ़ाइयाँ हैं
कि कहीं ख़त्म होने का नाम ही नहीं लेतीं
मेरी हिम्मत जहाँ जवाब दे जाती है
वहाँ से ही कोई अगली चढ़ाई शुरू हो जाती है
साथ चलता दोस्त कहता है कि अगस्त्य यहीं आए थे
और इन पहाड़ों से वापस कभी नहीं लौटे
मैं कहता हूँ मुझे कोई मतलब नहीं कि अगस्त्य दक्षिण गए थे
या आए थे शिवालिक की पहाड़ियों में
मैं कोई ऋषि नहीं, एक साधारण-सा कवि हूँ
जो दिन-रात की जद्दोजहद के गीत लिखता है

मैं वापस लौटकर जाऊँगा
लौटकर जाऊँगा ज़रूर
और एक बार फिर विंध्याचल को बताने की कोशिश करूँगा
कि अगस्त्य के लौटने की प्रतीक्षा फ़िज़ूल है
तुम अब अपनी कमर सीधी कर लो
और अपने पूरे क़द के साथ खड़े हो जाओ तनकर
मैं तब भी तुम्हारे मज़बूत कंधों पर बैठकर
दूर तक फैले जीवन के रंग-बिरंगे मेले देखूँगा

हिमालय से ज़्यादा है तुम्हारी आयु जानता हूँ
और ज़्यादा मज़बूत हैं तुम्हारे कंधे
ज्वालामुखी के बहते हुए लावे के अचानक
रुककर ठहर जाने की छवियाँ हैं तुम्हारी चट्टानों में
तुम्हारी गुफाओं में सुरक्षित हैं हमारे पूर्वजों की उकेरी हुई
शिकार खेलने और आग जलाने की छवियाँ
मुझे तुम हमेशा अच्छे लगते हो

मेरी आत्मा की चील ने तो बना लिया है
तुम्हारी चट्टान पर अपना स्थायी घोंसला

तुम्हीं ने सिखाया है मुझे कि झुक जाना
छोटा हो जाना नहीं है
जानता हूँ किसी ज़रूरतमन्द को रास्ता देने को
तुम झुक गए

इसीलिए तो तुम पहाड़ हो!

[24.8.16]

प्रति-संसार

कहीं जाने के लिए निकलता हूँ और सोचते-सोचते
मैं कहीं और निकल जाता हूँ
कभी-कभी अचानक मेरे पाँव भीग जाते हैं
तब पता चलता है कि मैं नदी पर चल रहा था
या पानी-भरे एक बादल पर

ग़फ़लत में कई बार काँसे की रकाबी की जगह
चाँद को उठाकर उसमें इडली रखकर खाने लगता हूँ
मैंने जब पहली-पहली बार आग खोजी
तो सूरज के अलावा इतनी चमकदार चीज़
मैंने पहली बार देखी थी
मैंने उसे छुआ ही नहीं, सीधे अपनी
हथेली पर उठा लिया
मेरी हथेली पर अब तक है उससे जलने का निशान
पता नहीं निशान के नीचे छिप गई
या जलने के साथ-साथ जल गई
मेरी भविष्य रेखा और आयु की रेखा भी
तभी से मेरा भविष्य अनिश्चित हो गया
और तभी से मृत्यु को चकमा देता आ रहा हूँ मैं

मुझे पता है, आप भरोसा नहीं करेंगे मेरी उम्र पर
लेकिन सदियाँ हो गई हैं मुझे इसी तरह जीते हुए
सदियों से यूँ ही भटक रहा हूँ मैं!
दिक़्क़त सिर्फ़ इतनी है कि मैं कहीं भटक रहा होता हूँ
और दिमाग़ कहीं और
घर का दरवाज़ा खोलने के लिए चाबी निकालने को
जेब में हाथ डालता हूँ तो चाबियों के ऐवज़ में
कभी कोई चिड़िया मेरे हाथ में आ जाती है
और कभी कोई जलपरी
एक बार तो एक चिड़िया मुझे अपनी पीठ पर बिठाकर
बादलों के ऊपर बने अपने घोंसले में ले गई
जहाँ एक कोने में रखे इन्द्रधनुष पर
उसके नन्हें बच्चे झूला झूल रहे थे

एक बार एक जलपरी मेरा हाथ पकड़कर
पानी की कई सतह पार करती
पाताल में बसी अपनी बस्ती में ले गई मुझे
वो सारी परीकथाएँ जो पिछले कई साल से
बच्चों की आँखों से होकर
उनके सपनों में उतर गई हैं
वो सारी कथाएँ धरती पर लौटकर मैंने ही सुनाई थीं
जिन्हें न जाने किन-किन लेखकों ने
क़लमबद्ध कर दिया!

मैं किसी से नहीं कहता
कि मेरी बात पर यक़ीन करो
भटक-भटककर हर कवि को ख़ुद ही
खोजने पड़ते हैं अपने सच

दुनिया-भर की सारी अच्छाइयाँ
किसी न किसी की भटकन का ही परिणाम हैं
तयशुदा रास्ते तयशुदा मंज़िलों तक ही पहुँचाते हैं
किसी नए तारे की खोज के लिए
पता नहीं कितने दिन, कितने महीने या कितने साल
ब्रह्मांड में भटकते रहना पड़ता है आँखों को

पैरों को भटकने दो, खोजने दो नए रास्ते
दिमाग़ को गढ़ने दो एक और अधिक सुन्दर प्रति-संसार
कि वह एक प्रजापति का मस्तिष्क है!!

[20.08.15]

उस भाषा को बोलनेवाली अन्तिम बूढ़ी स्त्री

उस भाषा को जानने वाली धरती पर वह अन्तिम व्यक्ति थी
और उम्र की लगभग अन्तिम देहरी पर खड़ी थी

पिछले कई बरस से सिर्फ़ वह ही थी जो उस भाषा को जानती थी
इसलिए किसी से अपनी भाषा में बतियाए हुए उसे भी कई बरस हो गए थे
और अभी-अभी यह मनहूस ख़बर आई कि वह स्त्री भी नहीं रही
इस तरह उसी के साथ वह भाषा भी ख़त्म हो गई
खत्म हो गई भाषाओं की सूची में दर्ज़ कर दी गई
एक भाषा और
सरकारी सूची में विगत कुछ साल में ख़त्म हो गई भाषाओं की संख्या में
एक संख्या और बढ़ गई

मैं उस भाषा को ढूँढ़ना चाहता हूँ
वह जब थी, तब भी शायद उसकी कोई लिपि नहीं थी
उस भाषा को बोलनेवालों को उसको कभी लिखने की ज़रूरत ही नहीं पड़ी
भाषा उनके लिए सिर्फ़ दूसरों से बोलने-बतियाने
और जीवन के ज़रूरी कामों को बताने की चीज़ थी
उन्हें कभी कुछ लिखना नहीं था
अपना नाम भी नहीं

उन्होंने कभी कुछ लिखा भी नहीं
अपना पता-ठिकाना भी नहीं
न अपना अतीत, न अपना वर्तमान
न अपने सुख-दुख, न अपनी इच्छाएँ, न अपने सपने
ख़त्म हो चुकी उस भाषा को जानने का अब कोई तरीक़ा नहीं
सारा राग-रंग जो उस भाषा में जिया गया
चीज़ों और जगहों और पशु-पक्षियों और लोगों को
जिस तरह पुकारा गया
जिस भी तरह, जिस भी लय में अपने सुख-दुख को गाया गया
प्यार किया गया जिस तरह
और जिस तरह ग़ुस्सा हुआ गया
उस सबको जानने का कहीं कोई दरवाज़ा, कोई खिड़की नहीं
मैं किस साँकल को खड़खड़ाऊँ,
किस दरवाज़े पर थाप दूँ?

सिर्फ़ एक भाषा नहीं, उसमें बसे जीवन की न जाने कितनी स्मृतियाँ
उस बूढ़ी स्त्री की अन्तिम यात्रा के साथ चली गईं
मैं जिसने अभी-अभी अपनी एक भाषा को खो दिया है
उस भाषा को बोलनेवाली अन्तिम स्त्री की
मृत्यु की सूचना के बाहर खड़ा हूँ

मैं एक ऐसे समय का नागरिक हूँ
जहाँ हर दिन हमारी आँखों के सामने
आपस में बोलने-बतियाने की भाषाएँ
मर रही हैं

हर आती-जाती हवा पर कान धरे
मैं अब भी एक ख़त्म हो चुकी भाषा की आवाज़ को

सुनने की कोशिश कर रहा हूँ
कोशिश कर रहा हूँ
हो सकता है मरने से पहले उस बूढ़ी स्त्री ने किसी को पुकारा हो
किसी से बोला हो कोई वाक्य
हो सकता है किसी पहाड़ या खाई-ख़ंदक़ से प्रतिध्वनित होता
लौट आए कोई वाक्य मेरे पास!

[2.4.20]

बेघरों का गाना

घर के बसने से ज़्यादा उसके उजड़ने, उखड़ने की कथाएँ हैं
कथाओं में बिंधी अनगिनत स्मृतियाँ, सपने और सिसकियाँ
ठोकरें, गालियाँ, अपमान
बर्तनों में लगे दोंचे
और हमारी चप्पलों की उखड़ी हुई बद्दियाँ
हमारे विस्थापन की कथा का सारांश हैं!

हमारी स्मृति में अपना कहने को ज़मीन का कोई टुकड़ा नहीं
कि जिस पर तामीर हो सके एक झोंपड़ा भी
अनगिनत रंग-बिरंगे मिट्टी के टुकड़ों से बनी
ज़मीन की एक कथरी है
इसी की पोटली लादे अपने सपनों में
हम भाग रहे हैं यहाँ से वहाँ
अलग-अलग बम्बों का पानी पीते
शहर-दर-शहर
हमारा समय बेघरों का गाना है!

दिन, दोपहर, रात-बिरात कभी भी आ जाते हैं वो
कहते हैं ख़ाली करो, ख़ाली करो, ख़ाली करो ज़मीन

कि इस ज़मीन पर महाजनों ने धर दी है अपनी उँगली
अब यह ज़मीन उनकी हुई
अब यहाँ सोनचिरैया आएगी
पूछना चाहते है हम कि मालिक कौन-सी सोनचिरैया
क्या वह जो लोककथाओं में होती है?
लेकिन तब तक वो गला फाड़कर गाने लगते हैं
'सोनचिरैया आएगी
सोनचिरैया गाएगी
घोंसला यहीं बनाएगी
अंडे देगी, सेएगी,
बच्चों को उड़ना गाना यहीं सिखाएगी

देस-बिदेस से देखने को पर्यटक आएँगे
ख़ाली करो, ख़ाली करो, ख़ाली करो ज़मीन
रुक गया है चालीस गाँवों का सारा काम-काज
किसी मिथक कथा से निकले दैत्य की तरह
बढ़ा चला आ रहा है बुलडोज़र
मुआवजे की क़तार में भी खड़े हैं उन्हीं के कारिन्दे
हमारे छप्पर की टीन, हमारी खिड़की, हमारा ही दरवज्जा लिए
ऐलान करती घूम रही है गाड़ी
जल्दी करो...जल्दी करो...
ख़ाली करो ज़मीन
कि सोनचिरैया के आने का समय हुआ...

ख़ाली करो ज़मीन!

[16.12.15]

गांधी की घड़ी

गांधी तुम्हारी घड़ी बन्द हो गई है!

हम एक ऐसे समय के नागरिक हैं
जिसमें न स्मृतियाँ बची हैं
न स्वप्न
मुट्ठी-भर नमक से समुद्र में उठे ज्वार की लहरें
वापस लौट चुकी हैं
रेत पर सिर्फ़ मरी हुई मछलियाँ, घोंघे और केंकड़े पड़े हैं
और हवा दुर्गन्ध से भर गई है
तुम्हारी ऐनक के काँच धुँधले हो गए हैं
उनके आर-पार दिखना बन्द हो चुका है

लोकतंत्र एक प्रहसन में बदल रहा है
एक विदूषक किसी तानाशाह की मिमिक्री कर रहा है

हमारी भाषा के पहले अक्षर को हिंसा के आगे रखकर
तुमने रच दिया था जिसका विलोम
प्रायोजित भीड़ ने लतियाकर फेंक दिया है उसे
घूरे के ढेर पर!

[6.11.19]

गिलहरी की मिथक कथा

अपनी पीठ पर बनी धारियों में
एक मिथक कथा ढोती गिलहरी
पुल पार कर रही थी
तभी पुल पर तेज़ा से गुज़रती कार की
चपेट में आकर
मर गई...
उसकी पीठ पर बनी राम की उँगलियों की लकीरों पर
बेरहमी से गुज़र गया कार का पहिया
तभी किसी ने बताया
कि यह न्यायाधीश की कार थी

अब उस मिथक कथा का क्या करूँ?

गिलहरी की झब्बेदार पूँछ
किसी महँगे कोट का कॉलर बन जाएगी
एक दिन!

[12.8.13]

एक अलग पृथ्वी

मेरा कोई घर नहीं
पहले भी कभी था ही नहीं
अब तो मेरा कोई मुल्क भी नहीं रहा
ऐसा ही मुझे बताया गया है
तो मैं कहाँ जाऊँ, कहाँ टिकाऊँ अपने पाँव
मैं कोई परिंदा भी नहीं, मेरे पास पंख भी नहीं
कि मौसमों के साथ बदलता रहूँ अपना मुल्क
पृथ्वी तो पहले ही बाँट ली गई
खींच दी गईं उस पर
अलग-अलग मुल्क की रेखाएँ
धरती का ऐसा कोई हिस्सा नहीं
कि जहाँ बेवतन लोग अपना डेरा डाल सकें

कहाँ किस मुल्क से आए थे मेरे बाप-दादे
मुझे नहीं मालूम
मुझे तो यह भी नहीं पता
कि कौन थे मेरे माँ बाप
मुझे तो किसी कचरे के डब्बे से उठाया गया
न मुझे मेरी जात पता है, न मेरा धर्म

एक धर्म अपना हाथ बढ़ाता है मेरी तरफ़
तो दूसरा काट देने को दौड़ता है
इसी चक्कर में अभी तक
मेरा कोई नाम भी तय नहीं हो सका

किसी भी मुल्क के नागरिकों के राष्ट्रीय रजिस्टर में
मेरा नाम दर्ज़ नहीं
इतनी बड़ी धरती पर
मैं कहीं का नागरिक नहीं

ओ सूर्य!
कुछ करो, कुछ ऐसा करो
कि एक और पृथ्वी बनाओ
जिसे मुल्कों में तक़्सीम न किया जा सके!
जो हर बेवतन का वतन हो
जहाँ हर गणतंत्र से निष्कासित कवि के लिए
अपना एक घर हो!

[30.8.18]

रोशनी

इतना अँधेरा तो पहले कभी नहीं था

कभी-कभी अचानक जब घर की बत्ती गुल हो जाती थी
तो किसी न किसी पड़ोसी के घर में जलाई गई
मोमबत्ती की कमज़ोर-सी रोशनी हमारे घर तक चली आती थी
कभी-कभी सड़क की रोशनियाँ खिड़की से झाँककर
घर को रोशन कर देतीं
और कुछ नहीं तो कहीं भीतर बची हुई
कोई धुँधली-सी मगर जिद्दी रोशनी
कम-से-कम इतना तो कर ही देती थी
कि दिया सलाई और मोमबत्तियाँ ढूँढ़कर जला ली जाएँ

कोई कहता है कि इतना अँधेरा तो तब भी नहीं था
जब अग्नि काठ में या पत्थर के गर्भ में छिपी थी
तब इतना धुँधला नहीं था आकाश
नक्षत्रों की रोशनी धरती तक ज़्यादा आती थी

इतना अँधेरा तो पहले कभी नहीं था
लगता है यह सिर्फ़ हमारे गोलार्द्ध पर उतरी रात नहीं

पूरी पृथ्वी पर धीरे-धीरे फैलता जा रहा अन्धकार है
अँधेरे में सिर्फ़ उल्लू बोल रहे हैं
और उनकी पीठ पर बैठी देवी फिसलकर गिर गई है गर्त में

इतना अँधेरा तो पहले कभी नहीं था
कि मुँह खोलकर अँधेरे को कोई अँधेरा न कह सके
कि हाथ को हाथ भी न सूझे
कि आँख के सामने घटे अपराध की कोई
गवाही न दे सके

इतना अँधेरा तो पहले कभी नहीं था!

[26.8.16]

जीवन का एक अमूर्त चित्र

पाँव के नीचे काँप रही है धरती
और ज़मीन हिल रही है

गिरते-पड़ते बेतहाशा भाग रहे हैं लोग
घरों का सामान सड़कों पर बिखर गया है
हल्दी, मिर्च, नमक, धनिया, आटा और जाने क्या-क्या
धरती पर बिखरे हैं सारे रंग
रंगों पर छपते जा रहे हैं हज़ारों पाँवों के निशान
हमारे समय में जीवन का
एक अमूर्त चित्र बनाते हुए!

उखड़कर गिर रहे हैं दरख़्त
चट्टानें खिसक रही हैं पहाड़ों से
एक चट्टान के नीचे दब गई
दीवार घड़ी का शीशा टूटकर बिखर गया है
और उसके काँटे
समय के डायल में धँस गए हैं
समय को ठीक-ठीक पढ़ पाना सम्भव नहीं

धरती पर दरारें ही दरारें हैं
दरारों के दोनों तरफ़ खड़े लोग
दरारों के अँधेरे में
अकबकाए से अपना घर ढूँढ़ रहे हैं!

[20.12.19]

बचपन की कहानी के तीन खो गए पात्रों की तलाश में भटकते हुए

भटकते-भटकते इतना थक गया हूँ
मन करता है, जहाँ कहीं भी जगह मिले, पाँव टिकाकर ठहर जाऊँ!
किसी दीवार से टिका लूँ अपनी पीठ या किसी पेड़ की छाँह में
झपकी ले लूँ कुछ देर!
अँधेरा घिर रहा है चारों ओर और मेरे पास टार्च भी नहीं!

मैं बचपन की एक कहानी के तीन खो गए पात्रों को
ढूँढ़ रहा हूँ बरसों से
हर आते-जाते राहगीर से पूछता हूँ, क्या आपने कहीं देखा है उन्हें?
क्या आपने वह कहानी सुनी है, ना भी सुनी हो तो भी,
मुझे पूरा यक़ीन है कि आप देखते ही उन्हें पहचान लेंगे
लोगों से ही नहीं, मैंने पेड़ों, पहाड़ों, नदियों और झरनों से भी
कई बार पूछा है उनके बारे में
किसी परिचित या अपरिचित का पता ढूँढ़ना होता
तो कब का मिल गया होता
पर कहानियों के खो गए पात्रों को ढूँढ़ना इतना आसान नहीं!

अपने बचपन की कहानी के पात्रों को
किसी और के बचपन की कहानी में कैसे ढूँढ़ूँ?
ज़्यादातर लोगों को तो अपने बचपन की कोई कहानी याद ही नहीं
यह विस्मृतियों का समय है!
लोग भुलक्कड़ होते जा रहे हैं दिनोदिन
मुझे ही जिनके चेहरे याद रहते हैं उनके नाम
अक्सर भूल जाता हूँ
जीवन ऐसी निरर्थक आपाधापी से भर गया है
कि बचपन की कहानियाँ तो दूर, लोग-बाग तो
अपना बचपन ही भूल गए हैं!
कभी उन्हें उनके बचपन की कोई बात याद दिलाओ
तो लोग अपने बचपन को इस तरह ढूँढ़ने लगते हैं
जैसे किसी खो गए बच्चे या खो गई चीज़ को ढूँढ़ रहे हों
कभी-कभी अचानक रुआँसे हो जाते हैं
पुराने किसी एलबम के धुँधले पड़ चुके फ़ोटो में
अपने को पहचानने की कोशिश करने लगते हैं
कोई दूसरा जब बताता है कि यह तुम हो
तो आश्चर्य और सन्देह से देखते हैं अपने ही बचपन का चित्र
कभी-कभी लगता है मैं किसी ऐसे द्वीप पर चला आया हूँ
जिसे अपने अतीत को भूल जाने का श्राप मिला है!!

कहानी-दर-कहानी न जाने कितनी कहानियों में भटक रहा हूँ बरसों से
करोड़ों क़िस्सों और कहानियों से बनी इस पृथ्वी पर
यात्राओं की अनगिनत स्मृतियाँ हैं मन में
कभी-कभी मुझे लगता है मैं भूसे के ढेर में सुई ढूँढ़ रहा हूँ!
मेरी इस भटकन के कारण ही बरसों से स्थगित पड़े हैं कई ज़रूरी काम

पहाड़ों ने जाने किस क़िस्सागो से सुन ली हैं वो पौराणिक गाथाएँ

कि वो कभी उड़ सकते थे लेकिन एक दिन इन्द्र ने
काट दिये उनके पंख
मुझे लगता है सारे पहाड़ तभी से एक पथराई उदासी में डूब गए हैं
मैं गुदगुदाकर हँसाना चाहता हूँ उन्हें
मैली हो चुकी दिशाओं के जाले झाड़ना चाहता हूँ
इस बीच टूट गए सितारों की जगहें कितने दिनों से ख़ाली पड़ी हैं,
उनकी जगह नए सितारे टाँकना चाहता हूँ आसमान में
धूप और हवा के बदन पर लग गई धूल को तो बरसात धो देगी
लेकिन क्वाँर में काले पड़ गए हिरनों की खाल पर मलहम लगाना
चाहता हूँ

गुलाब की क़लम काटना है, शैवन्ती की पौध रोपना है
अपने उदर का नगाड़ा बजाने को मुनगे की फली तोड़कर घर ले जाना है
कामों की कभी ख़त्म न होने वाली एक लम्बी सूची बन गया है दिमाग़!

कछुए किनारों तक आ गए होंगे
मनुष्यों की तरह अनिश्चित नहीं है प्रकृति में जीवों के आने-जाने का समय
हर बार ठीक समय पर आ जाते हैं प्रवासी पक्षी
जलाशयों के किनारे
दूर-दूर से आए पक्षियों से उनकी ही बोली में पूछना है मुझे
बचपन की कहानी के पात्रों का पता!
दूर करना है किनारे पर आ गए कछुओं का भ्रम
कि उनके किसी पूर्वज की पीठ पर सदियों से धरी है यह पृथ्वी
हमारे समय में कुछ सिरफिरी शक्तियाँ हैं जो बार-बार
सिर के बल खड़ा कर देती हैं विज्ञान को
शीर्षासन करते विज्ञान को पाँवों पर खड़ा करना है फिर से
हालाँकि शिक्षामंडलों द्वारा धरती पर फैला दी गईं
फूहड़ किताबों के कचरे को साफ़ करना आसान काम नहीं!
लेकिन करना है,

धरती पर और दिमाग़ों में भरे गए कचरे को साफ़ करना है!
सोचता हूँ एक बार फिर उन मछलियों से भी जाकर मिल आऊँ
अध्ययन के दौरान जिनसे मिलना पड़ा मुझे कई-कई बार
हो सकता है वो मुझसे नाराज़ हों, उन्होंने अपनी नानी-दादी से सुने हों
महाविद्यालय की प्रयोगशालाओं के क़िस्से
लेकिन उनको यह पता नहीं होगा कि उनके रूप-रंग और विशेषताओं को
रट-रट कर, जाग-जाग कर काटी हैं मैंने कितनी रातें
कितने दिनों हलकान किए हैं अपने प्राण
ज्ञान के रास्ते कई बार प्रकृति के प्रति अन्याय से गुज़रते हैं!

पानी के भीतर बसी दुनिया के कितने रहस्य होंगे उनके पास
हो सकता है पाताल लोक की कहानियों में कोई रहस्य ढूँढ़ रहे हों
मेरी बचपन की कहानियों के पात्र!
पुकारने से पेशतर, याद करने की कोशिश करता हूँ
लेकिन कुछ भी याद नहीं, न किसी मछली का नाम, न उसकी कोई पहचान
विस्मृति की न जाने किस खोह में जाकर छिप गई हैं सारी मछलियाँ
समय के भारी पत्थर से बन्द हो गए हैं याददाश्त के दरवाज़े
मैं किसे पुकारूँ, कैसे पुकारूँ, कब तक पुकारूँ?
सारे काग़ज़, कॉपियाँ और किताबें खो गई हैं जाने कहाँ

हिंसक और निरर्थक शोर से भरे इस समय में
पूरी ताक़त के साथ चिल्लाता हूँ
तालाब की सीढ़ियों के पास रखे हथिया टोल के पत्थर तक
आती-जाती लहरो सुनो!
नदियों पर बने पुलों से गुज़रती हज़ारों-लाखों पदचापो सुनो!
समुद्र तट की रेत पर दूर तक दौड़ते हुए बनाता हूँ अपने पाँवों के निशान
शंख को होठों से लगाकर फेफड़ों की पूरी साँस भरकर बजाता हूँ

सुनो मछलियो, घोंघो, शंखो, सीपियो सुनो!
सुनो मेरी आवाज़!

यह ऐसा हिंसक समय है कि कोई किसी पर भरोसा नहीं करता
कोई नहीं सुनता मेरी बात
लहर से निकलकर हवा में उछाल मारती तिरछी नज़रों से तकती हैं
मछलियाँ मुझे

और गोता लगाकर कहीं गुम हो जाती हैं
कोई किसी पर भरोसा नहीं करता!
अजब ऊटपटाँग-सा रहा मेरा जीवन
मेरी शिक्षा का मेरी नौकरी से मेरी नौकरी का मेरी कविता से
कोई ताल्लुक़ नहीं!
ऐसा ही कुछ ऊटपटाँग-सा समाज बनाया है हमने!

भाषा से भरोसे जैसा शब्द कहीं जाकर छिप गया है
जिस भी शब्द को ढूँढ़ना चाहता हूँ, मुझसे पहले ही कोई राजनेता
लपक लेता है उसे और अपने थूक से गंदा कर देता है
ताक़त और अहंकार से गंदी हो चुकी इस भाषा का मैं क्या करूँ?
इस भाषा में नहीं लिख सकता मैं कोई कविता
या दोस्त को कोई पत्र!

बिना भाषा के गूँगों की तरह चीख़ रहे हैं सब
सब चीख़ रहे हैं, हम पर भरोसा करो
नदियों और समुद्रों से आती-जाती हवाओं हम पर भरोसा करो
शासकों ने गंदी कर डाली है हमारी भाषा
लानत भेजो उन पर
और हम पर भरोसा करो
शंखो, सीपियो, घोंघो, केंकड़ो हम पर भरोसा करो

शैवाल की घासो, समुद्री फूलो, हम पर भरोसा करो!
सरकारों ने साधारण लोगों पर भरोसा करना छोड़ दिया है
उनको अब इसकी ज़रूरत भी नहीं रही
सिकुड़ते हुए इस जनतंत्र में सिर्फ़ सन्देह बचा है
भरोसा नहीं बचा!
चुप्पियों की दीमकें खा रही हैं हमारी किताबों को
डर का घुन खोखला कर रहा है हमारी आवाज़
भाषा की लिपियाँ सल्वाडोर डाली की घड़ियों की तरह पिघल रही हैं
न जाने किस अज्ञात गुफा में क़ैद हैं हमारे सपने
उम्मीद के सारे रास्ते भ्रम के जंगल में जाकर कहीं खो गए हैं
कहाँ जाऊँ, किससे पूछूँ उन अज्ञात गुफाओं का पता?
बहुत तेज दौड़ रही हैं घड़ी की सूइयाँ
समय को मेले के झूले से उतारकर
मैरी-गो-राउंड पर बिठा दिया है किसी ने
हथेली पर रखी पृथ्वी की तरह
हथेली पर रखे फ़ोन में हाजिर हैं सारी जानकारियाँ
कविता के ख़िलाफ़ कान भर रही है नई प्रौद्योगिकी
बचपन की कहानियों की ओ अदृश्य किताब,
अपने पन्नों को खोलो और उन चरित्रों को बुलाओ
बरसों पहले बचपन की कहानी में जो मिला था
मेरा वो दोस्त कहाँ है...
धरती से कान सटाए जो सुन रहा था
सतह के बहुत नीचे बहती जलनाड़ियों की धड़कन
सुन रहा था जो धरती के नीचे अपनी बस्ती की ओर जाती
चींटियों के पाँवों की आवाज़
सतह से बहुत नीचे जन्म ले रही हलचल को महसूस कर लेते थे
जिसके तलुवे बहुत पहले ही
उसे ढूँढ़ो वो यहीं कहीं होगा तुम्हारे पन्नों के बीच

धरती से कान सटाए आने वाली आशंकाओं की पदचाप को सुनता हुआ
और जहाँ वो होगा, वहीं वो दूसरा भी होगा,
जो टकटकी लगाए देख रहा था कहीं दूर
किसी शहर के फुटपाथ पर सो रहे लोगों की आँख में चल रहे सपने को
उसकी आँख ब्रह्मांड में हो रही हलचलों को देख लेती थी
बिना किसी दूरबीन के
धरती पर पहुँचने से बरसों पहले ही जो रास्ते में मिल लेता था
धरती की तरफ़ आ रही किसी सितारे से चली रोशनी से!

और उस तीसरे को कैसे भूल सकता है कोई
जिसकी नाक सूँघ लेती थी आने वाले मौसमों की ख़ुशबू और ख़तरों
को भी

धरती के किस कोने में पक चुका है कौन-सा फल
किस पौधे पर खिलने-खिलने को है कौन-सा फूल
कहाँ से, किस कोने से उठ रही है कौन-सी बदबू
कहाँ, धरती के किस कोने में
मनुष्य के ख़िलाफ़ पनपती किस इच्छा में शुरू हो रही है सड़ाँध
उसकी नाक सूँघ लेती थी सबकुछ!

इन्हीं दोस्तों ने एक दिन ढूँढ़ निकाला था,
हज़ारों बाधाओं से घिरे उस क़िले को
जिसकी रखवाली करता था एक दैत्य
जिसने अपने प्राणों को एक तोते में रख दिया था

तुम यहीं कहीं हो, यहीं कहीं, मेरे एकदम आसपास
या मेरे ही मस्तिष्क के किसी कोने में बैठे
कर रहे हो गुपचुप अपना काम
इतना कुहासा है कि मैं तुम्हें बाहर ढूँढ़ पा रहा हूँ

न भीतर!
ओ मेरी आवाज़ मुझे आवाज़ दो
ओ मेरी हँसी, हँसो मेरे मुँह, मेरे होंठों, मेरी आँखों से
ओ मेरे साहस, तोड़-फोड़ मचा दो
बौने और बचकाने शासकों के इस द्वीप पर!

थककर टूट जाऊँ इससे पहले
इससे पहले, आओ मेरी बचपन की कहानियों के पात्रो, आओ
अपनी इन्द्रियों के करिश्मों से चमत्कृत कर डालो एक बार फिर
एक बार फिर
मेरी उम्मीद को अपनी उँगली थामने दो!!

[2019]

एक भुलक्कड़ नागरिक का बयान

कुछ भूल गया हूँ यह याद है
क्या भूल गया हूँ यह याद नहीं

मन में अचानक कौंधी कविता की कुछ पंक्तियाँ
विस्मृति के पीछे जाकर छिप गई हैं
वो छिप गई हैं यह मुझे याद है
लेकिन कहाँ? यह मुझे याद नहीं
मन के किसी कोने में उनकी गूँज बची है
लेकिन उनके शब्द मुझे याद नहीं

भूल जाने की मेरी इस आदत ने
शक के घेरे में ला खड़ा किया है मुझे
मेरे पास न मेरी जाति का प्रमाण-पत्र है
न किसी धर्म की कोई पहचान
मैं शायद टोबा-टेकसिंग[1] का बिशन सिंग हूँ
जो कुछ अटपटे वाक्यों को बुदबुदाता हुआ
अपनी नागरिकता ढूँढ़ रहा है

---

1. टोबा टेकसिंह, मंटो की प्रसिद्ध कहानी है।

यहीं इसी ज़मीन में दफ़्न हैं मेरे बाप-दादाओं की हड्डियाँ
यह तो मुझे याद है, लेकिन कहाँ, किस जगह
यह मुझे याद नहीं
ऐन मौक़े पर हमेशा ही दग़ा दे जाती है मेरी याददाश्त
मुझे लोगों के चेहरे याद रहते हैं
और उनके नाम मैं अक्सर भूल जाता हूँ

मैं कहाँ तलाश करूँ अपनी नागरिकता के प्रमाण
मैं इसी देस की मिट्टी में घूमा हूँ नंगे पाँव
पर कहाँ-कहाँ छपे हैं मेरे पाँव के निशान
मुझे याद नहीं

मुझे क्या ख़बर थी कि भूल जाने की आदत
मेरी ही ज़मीन पर अनागरिक बना देगी
मुझे एक दिन
ओ हुक्मरानो,
मैं स्वर्ग को भूलकर ही आया हूँ इस धरती पर
तुम अगर मुझे नागरिक मानने से इनकार करते हो
तो मैं भी इनकार करता हूँ
इनकार करता हूँ तुम्हें सरकार मानने से!

मैं नागरिक हूँ यह मुझे याद है
तुम कौन हो
यह मुझे याद नहीं!

[20.12.19]

अबू हसन चाँद के माथे का ख़ून पोंछ रहा है

(अबू हसन कहता है : एक)

एक रात सपने में किसी ने कहीं से एक पत्थर सन्नाया
और चाँद का माथा फोड़ डाला
ख़ून से भर गया आसमान

क़स्बे के नजूमी अबू हसन ने कहा :
यह किसी तानाशाह की पैदाइश का इशारा है
और जगह-जगह चौपायों के बहाने आदमियों का
क़त्लेआम शुरू हो गया
अबू हसन ने कहा :
हिटलर के जूते किस संग्रहालय में रखे हैं, उसे नहीं पता
लेकिन जाकर देख लो उनकी चमक बढ़ गई होगी
संडास में बैठा मुसोलिनी हँस रहा होगा
लाखों लोग पलक झपकते ही अपनी रोज़ी-रोटी खो देंगे
चूल्हों में आग नहीं होगी और तवा उलटा रखा होगा
परिवार की बूढ़ी औरत कहेगी
यह अपशकुन है

तुमने एकदम ठीक कहा माई! कहेगा अबू हसन
भूख देहरी तक आ गई है दौंदरा मचाने को

अर्थव्यवस्था की रीढ़ टूट चुकी है
अपने चकनाचूर सपनों पर खड़े लोगों के पाँवों में
उसकी किरचें चुभ रही हैं

और छालों से ख़ून रिस रहा है
राष्ट्रवाद नाम का एक पागल नंगा घूम रहा है सड़कों पर
कहता है अबू हसन : इसे जानने को किसी पोथी-पतरे की ज़रूरत नहीं
तबाही की इबारत आसमान पर लिखी है!
हताशा में राजनीति का मध्यमार्ग बार-बार दाँयी ओर मुड़ जाता है
और हमारा वामपंथ!
सिमट गया है हाशिये पर
न्यायपालिका ऊपर के आदेश का इंतज़ार कर रही है
और किसी नरसिंह अवतार के प्रकट हुए बिना ही
चौथा खम्बा फटकर गिर चुका है

बैंक बिक गए, रेल बिक गई, हवाई जहाज़ की
बोली लग रही है

सुनो! कहता है अबू हसन
फ़ौजें दिखें न दिखें, फ़ौजी बूटों की आवाज़ आ रही है
पर कोई नहीं सुनता उसकी बात
अबू हसन फिर भी बोलता ही रहता है दिन-रात

बाँस पर रूई का फाहा लगाकर अबू हसन
चाँद के माथे का ख़ून पोंछ रहा है

एक बूढ़ी औरत बच्चों, फूलों और परिन्दों के कान में
कुछ फुसफुसा रही है!
बच्चों की आँखें और परिन्दों की फड़फड़ाहट कहती है
ख़तरा बढ़ रहा है!

[28.8.20]

ख़बर में मोरों को दाना चुगाते शहंशाह की तस्वीर होगी

(अबू हसन कहता है : दो)

एक दिन ऊँट पर बैठे आदमी को
एक छोटे से कुत्ते ने काट लिया
अबू हसन ने पूछा :
यह सपने में हुआ या हक़ीक़त में?
लोगों ने एक दूसरे की तरफ़ देखा
और सबने लगभग एक साथ कहा : हमें नहीं पता
हमने तो दूसरों से सुना है, और दूसरों ने और दूसरों से

अबू हसन ने कहा : अब ख़बरें इसी तरह बनेंगी
अन्याय होगा, पर अन्याय की ख़बर नहीं होगी,
सड़कों पर होंगे लोग, हवाएँ गूँज रही होंगी नारों से
पर उसकी ख़बर कहीं नहीं होगी
रोज़ी-रोटी खो चुके लाखों लोग सिर पर अपनी गृहस्थी उठाए
भूखे-प्यासे, नंगे पाँव वापस अपने गाँव लौट रहे होंगे
पर ख़बरें नहीं होंगी

ख़बरों में असल ख़बरों के लिए जगह ही नहीं होगी
सिर्फ़ मोरों को दाना चुगाते शहंशाह की तस्वीर होगी

दुनिया जब किसी महामारी से जूझ रही होगी
एक सनकी शहंशाह देसी कुत्तों को पालने
और खिलौने बनाने के बारे में लोगों से बात कर रहा होगा
न्यायाधीश पचास लाख की किसी मोटरसाइकल पर बैठकर
फ़ोटो उतरवा रहा होगा
और उँगली उठानेवाले को अपराधी क़रार दे दिया जाएगा
आपदा सत्ता बचाने के अवसर में बदल जाएगी

मूर्तियों के पेट में चला जाएगा देश का सारा धन
बन्दरों के हाथ में उस्तरे होंगे
और लोग अपनी खोपड़ी बचाते भागते फिरेंगे

अबू हसन कहता है : क्या फ़र्क़ पड़ता है
कि ऊँट पर बैठे आदमी को कुत्ते ने
सपने में काटा या हक़ीक़त में
सपने को हक़ीक़त और हक़ीक़त को सपना बनाने में
सिर्फ़ थोड़े से झूठ की ज़रूरत होती है

शहंशाह सोचता है और मन ही मन हँसता है :
अबू हसन की बात कौन मानता है...!

[1.9.20]

शहंशाह के कंधों पर दो अजदहे रहते हैं

(अबू हसन कहता है : तीन)

पहले वह सफ़ेद प्यादा आगे बढ़ाता है
फिर बिसात के दूसरी तरफ़ जाकर काला घोड़ा उठाता है
और ढाई घर चलता है
शहंशाह ख़ुद के साथ ख़ुद ही शतरंज खेलता है

अबू हसन कहता है :
उसे हारना पसन्द नहीं
सफ़ेद जीतें या काले मोहरे, जीतता हर बार शहंशाह ही है
वह अपने ख़िलाफ़ हारता है
और अपने ख़िलाफ़ ही जीत जाता है
कोई दूसरा उसकी मुख़ालफ़त करे उसे बर्दाश्त नहीं!

अबू हसन कहता है :
शहंशाह के लिए पूरा मुल्क ही एक बिसात है
वह केसलिंग करके अपना क़िला बनाता है
फिर जब चाहता है किसी भी प्यादे को बढ़ाकर वज़ीर बना देता है
बढ़ाते-बढ़ाते एक प्यादे को, एक दिन राष्ट्रीय कोषागार तक ले जाता है
राष्ट्रीय कोषागार के दरवाज़े पर खड़ा कुबेर

अपनी बड़ी-सी तोंद के बावजूद झुककर
शहंशाह को कोर्निश बजाता है
और ख़ज़ाने की चाबी सौंप देता है
देश की सम्पत्ति अब शहंशाह की संपत्ति है
लोग चिल्लाते रहते हैं, वह बाँसुरी बजाता...निकल जाता है

अबू हसन कहता है :
यह मुल्क शहंशाह की चौंसठ खानों की बिसात है
या चौंसठ कलाओं का हरम
तुम्हें जो समझना हो समझो, उसे कोई फ़र्क़ नहीं पड़ता
एक दिन वह अपना काला प्यादा बढ़ाता है
और उसे न्यायाधीश की कुर्सी पर बिठा देता है
न्याय की देवी आँख पर बँधी पट्टी की निचली कोर से झाँकती है
और उसके हाथ का तराजू डगमगा जाता है
प्यादा हड़बड़ाता है
फ़ैसला लिखते-लिखते हाथ में क़लम काँप जाता है
तभी एक कारिंदा चुपके से प्यादे को उसके काले कारनामों की
बही दिखाता है
प्यादा पिघलकर कुर्सी में धँस जाता है
फिर दर्ज़न-भर अगरचे-मगरचे और चुनाचे के साथ
शहंशाह जैसा जैसा चाहता है
प्यादा फ़ैसला सुनाता जाता है

अबू हसन कहता है :
किसी को ख़बर हो न हो, शहंशाह के कंधों पर दो अजदहे रहते हैं
जिन्हें खाने को हर दिन आदमी का भेजा चाहिए[1]

---

1. फ़िरदौसी के 'शाहनामा' में जहाक नामक शहंशाह की कहानी।

लोग जब शहंशाह की तालीम का मज़ाक़ उड़ाते हैं
अजदहे मुँह निकालकर आँखें तरेरते हैं
सैनिक मुल्क के आला दिमाग़ों को पकड़कर लाते हैं
और अजदहों को सौंप देते हैं
फिर नालंदा हो या तक्षशिला सब पुरातत्व की मिसाल बन जाते हैं!

अबू हसन बताता है :
शहंशाह ने अभी-अभी एक रात एक सपना देखा है
सपने का मतलब जानने को, उसने मुल्क के तमाम नजूमियों को
गुप्त रूप से दरबार में बुलाया था
एक ज्योतिषी ने जान का जोखिम उठाकर उसे बताया था
शहंशाह! इस सपने का तो एक ही मतलब निकलता है
कि आपकी हुकूमत के दिन बहुत कम रह गए हैं
सुनते ही शहंशाह के प्यादे ज्योतिषी पर टूट पड़े
और धकियाकर ज्योतिषी को बाहर ले गए

शहंशाह ने ग़ुस्से में बिसात को उलट दिया
सारे मोहरे फ़र्श पर बिखर गए!

ज्योतिषी के घरवाले कई दिनों से उसको ढूँढ़ रहे हैं!

[10.9.20]

तानमोशाः का सपना

तानमोशाः ने रात, एक सपना देखा
कि तानमोशाः एक विशाल स्टेडियम के बीचोबीच खड़ा है
और उसके आते ही लोगों से खचाखच भरा स्टेडियम
उसके जैकारों से गूँजने लगा
पहले तो तानमोशाः को अच्छा लगा, बहुत अच्छा लगा,
लेकिन कुछ ही देर में शोर से उसके कान दुखने लगे,
उसके सिर की नसें तड़कने लगीं
तानमोशाः कुछ बोल पाता इससे पहले ही
चारों ओर से उस पर फूल बरसने लगे
फूल बरसने लगे, तो फूल बरसते रहे, लगातार बरसते रहे
तानमोशाः फूलों के बीच दबने लगा
उसने लोगों को रोकना चाहा
लेकिन किसी ने उसकी बात नहीं सुनी
फूलों का बरसना मुसलसल जारी रहा
और एक पल ऐसा आया कि तानमोशाः सिर से पाँव तक
फूलों में दब गया
जैकारों के शोर और फूलों के बीच दबकर होने वाली मृत्यु की
इतिहास में यह पहली घटना थी!

फिर तानमोशाः ने देखा कि वह जहाँ खड़ा था
लोगों ने वहीं उसका पुतला लगा दिया!
लेकिन अचानक दृश्य बदल गया
वो ही लोग जो उस पर फूल बरसा रहे थे
तानमोशाः के पुतले पर जूते, चप्पल और पत्थर फेंकने लगे
उन्होंने तानमोशाः के पुतले का सिर धड़ से अलग कर दिया
और उससे फुटबाल खेलने लगे

तानमोशाः हड़बड़ाकर, घबराकर उठ बैठा
अपने को ही चिकोटी काटकर
वह सपने से बाहर आया
तानमोशाः ने तत्काल अपने गोएबल्स को बुलाया
क्षमा करें, मेरा मतलब है कि अपने प्रचार-मंत्री को बुलाया
और हुक्म दिया
कि सपने में दिखे स्टेडियम का नाम बदलकर
तत्काल तानमोशाः स्टेडियम कर दिया जाए!

इसके बाद तानमोशाः ने कपड़े बदले
और मुस्कुराते हुए, गरदन तानकर, थोड़ी तिरछी मुद्रा में
आईने के सामने जाकर खड़ा हो गया!

[4.3.21]

यह दुनिया रहने के काबिल जगह नहीं रही

खीज से भरता जा रहा हूँ हर दिन, हर पल
यह दुनिया अब रहने के काबिल जगह नहीं रही
हमने हमेशा इसे पहले से ज़्यादा सुन्दर बनाने का स्वप्न देखा
पहले से और बेहतर बनाने के लिए इसे
करोड़ों लोगों ने ज़ाया किया अपना हुनर

क्या हुआ, क्या हुआ
उन तमाम कविताओं और कथाओं का क्या हुआ
हमारे उन रंगों, रेखाओं और आकृतियों का क्या हुआ
हमारे संगीत और हमारे गीतों का क्या हुआ
क्या हुआ, क्या हुआ
हमारी तमाम इच्छाओं और सपनों का क्या हुआ
कैसा बनाना चाहा था हमने इसे
और यह क्या से क्या हो गई
यह तो और भी ज़्यादा बदशक्ल होती जाती है दिनोदिन
ज्ञान की खोपड़ी पर नाच रही है मूर्खता
दुष्टता के बड़े जूते के नीचे कराह रही है संवेदना

इसने अपने उन तमाम जंगलों को बरबाद कर दिया
जिन पर लिखे गए महाकाव्यों के हज़ारों पन्ने
काट-काटकर बौना कर डाला सारे पहाड़ों को
हमारी आवाज़ों को वापस लौटाने वाले
ख़त्म हो गए सारे ईकोप्वाइंट
अब कोई आवाज़, कहीं से लौटकर नहीं आती
सरोवरों के बाँध तोड़ डाले, बहा दिया सारा पानी,
नदियों को बदल दिया नालों में
इसकी हवस है कि ख़त्म होने का नाम ही नहीं ले रही
यह धरती सबकी ज़रूरतों को पूरा कर सकती है
लेकिन किसी एक के भी लालच को भी पूरा करना इसके लिए मुमकिन नहीं[1]
जिसने बताई थी हमें कभी यह बात
उसको हमने गोली मार दी एक दिन
और उसके हत्यारे का अब मन्दिर बनाया जाएगा
हमें बर्दाश्त नहीं कि कोई हमारे लालच पर लगाम लगाए

ख़ूँखार जानवर घुस आते हैं कभी भी शहरों में
उनके सारे ठिकाने हमने छीन लिये
चिमगादड़ें मँडरा रही हैं पूरे आकाश में
नए-नए विषाणु पैदा हो रहे हैं हर दिन
दम तोड़ रही हैं आबादियाँ
पृथ्वी, आकाश, जल, हवा और अग्नि
सब सवालों के कटघरे में हैं
नेपथ्य से कोई 'प्रलय की छाया'[2] का पाठ कर रहा है ज़ोर-ज़ोर से
यह सभ्यताओं के सबसे बड़े संकट का समय है
सारी सड़कों पर पसरा है सन्नाटा

---

1. महात्मा गांधी का वक्तव्य, 2. जयशंकर प्रसाद की लम्बी कविता

बन्द हैं सारे घरों के दरवाज़े
एक भयानक पागलपन पल रहा है दरवाज़ों के पीछे
दीवार फोड़कर निकल आएगा जो
किसी भी समय बाहर
और फैल जाएगा सारी सड़कों पर!

[24.3.20]

अक्कल दाढ़

(दाँत के डाक्टर से एक बातचीत)

डाक्टर यह मेरा मित्र है, इसकी दाढ़ में
कुछ दिनों से बहुत तकलीफ़ है!

डाक्टर ने एक नज़र अपने मरीज़ को देखा,
पर्चा उठाया और पूछा : नाम?
मैंने कहा, जनतंत्र कुमार!
डाक्टर को लगा, मैं मज़ाक़ कर रहा हूँ
उसने थोड़ा चिढ़कर, सन्देह से मेरी तरफ़ देखा
मैं समझ गया, मैंने कहा यक़ीन कीजिए डाक्टर
यह इसका नाम है, कोई रूपक नहीं!
यह 26 जनवरी 1952 को पैदा हुआ
इसलिए शायद इसके माता-पिता ने
यह नाम रख दिया होगा

दाँत के डाक्टर ने अपनी पेन्सिल टार्च उठाई और
मित्र के खुले मुँह में रोशनी डालकर
मुआयना किया और बोला :
—इनकी अक्कल दाढ़ निकल रही है

मैंने मित्र को थोड़ा गुदगुदाते हुए कहा
यानी डाक्टर मेरा मित्र वयस्क हो रहा है?
तुर्की-ब-तुर्की मेरे ही अन्दाज़ में डाक्टर ने भी कहा
—लगता तो है लेकिन एक दिक़्क़त है
इनकी अक्कल दाढ़ तिरछी हो गई है
इसीलिए बार-बार तकलीफ़ दे रही है!

—क्या आपको लगता है डाक्टर कि दाढ़ के तिरछा होने
और हमारे समय के बीच कोई सम्बन्ध है?

—ओह मिस्टर जोशी...डाक्टर का माथा ठनका
और वह तत्काल सतर्क हो गया, बोला
—मुझे आपकी बातों से राजनीति की गंध आ रही है!
मुझे कवियों और पत्रकारों से बहुत डर लगता है
सीधे-सादे दिखते वाक्यों के पीछे भी
उनके कई मंतव्य छिपे रहते हैं।

मैं जो समझ रहा हूँ अगर वही आपका मतलब है
तो मैं कहूँगा कि ऐसे सवाल आपको
अपने वित्तमंत्री से पूछने चाहिए
या सम्भव हो तो प्रधानमंत्री से!
वैसे मैं तो कहूँगा कि आप भी वक़्त की नज़ाकत को समझिए
और मज़ाक़ में भी दो अर्थ वाले वाक्यों से बचिए
मैं एक सीधा-सादा डाक्टर हूँ श्रीमान
और मैं कोई ख़तरा मोल लेना नहीं चाहता।

—ओह नहीं...नहीं...डाक्टर
मेरा ऐसा कोई मतलब नहीं

मैं तो बस इतना कह रहा था
कि तिरछी ही सही लेकिन अक्कल दाढ़ निकल रही है
इससे कुछ उम्मीद करना क्या वाजिब नहीं होगा?

—नहीं, महोदय, डाक्टर ने समझाया
दाढ़ का और वह भी अक्कल दाढ़ का
तिरछा निकलना अच्छा नहीं है!
बल्कि मैं तो कहूँगा कि यह ख़तरनाक है!
तिरछी दाढ़ दूसरे दाँतों को नुक़सान पहुँचाएगी
और इनको भी वक़्त-बेवक़्त तकलीफ़ देती रहेगी

—लेकिन डाक्टर! मैंने सुना है कि अब तो
आड़े-तिरछे दाँतों को सीधा करने की तकनीक आ चुकी है
सरकारें तो लोगों की अक्ल सीधी कर देती हैं...
तो क्या अक्कल दाढ़ को सीधा नहीं किया जा सकता?

—क्या आपको सचमुच लगता है मिस्टर जोशी
कि इस समय, किसी की भी अक्कल दाढ़ को
सीधा किया जा सकना सम्भव है?
इस वाक्य को बोलकर डाक्टर थोड़ा हड़बड़ाया
फिर अपने को सँभालते हुए बोला
मेरी सलाह मानिए इस दाढ़ को निकलवा दीजिए
यही सबसे सुरक्षित तरीक़ा है!
हालाँकि यह भी बहुत आसान नहीं है
तिरछी अक्कल दाढ़ को निकलवाने के भी कई खतरे हैं

हो सकता है कि दाढ़ को निकालते समय वह टूट जाए
ऐसा कई बार हो जाता है...

और कोई बारीक-सा टुकड़ा अन्दर ही फँसा रह जाता है
अन्दर छूट गया बारीक-सा भी टुकड़ा
रह-रहकर बहुत तकलीफ़ देता है
फिर आपरेशन के सिवा कोई विकल्प नहीं बचता!

बहुत देर से चुपचाप मेरी और डाक्टर की
बातें सुन रहे दोस्त ने
आख़िरकार मुँह खोला और पूछा
कि डाक्टर बचपन से मेरे तो सारे दाँत और दाढ़ें भी
सीधी ही उगी थीं
फिर इस उम्र में आकर क्या हुआ
मेरी अक्कल दाढ़ तिरछी क्यों हो गई?

डाक्टर ने दोस्त की तरफ़ देखा
शायद उसके पास इसका कोई वाजिब जवाब नहीं था
उसने पता नहीं...के अन्दाज़ में
अपनी दोनों हथेलियों को फैलाया
और बिना कुछ बोले बाहर निकल गया!

[8.1012]

स्वर्ग का विभाजन

स्वर्ग का जब विभाजन हुआ
देवता सो चुके थे और असुर फ़ुरसत में ताश खेल रहे थे
बरातों के बैंड-बाजों का शोर थम गया था
और लोग बैंगन और भाजियाँ खाना बन्द कर चुके थे
मिथक कथाओं के स्वर्ग में इस स्वर्ग का क़िस्सा दर्ज़ नहीं था
दक्षिणपंथ से आए शासकों की नज़र में यह स्वर्ग बहुत दिनों से खटक रहा था
उन्होंने पहले इतिहास में दर्ज़ सारे तथ्यों और उनकी व्याख्याओं को बदला
और फिर स्वर्ग को दो हिस्सों में तक़सीम कर दिया
यह सत्ता में बैठे कुछ मनुष्यनुमा लोगों की हिमाक़त थी
बहुत ज़्यादा बिकनेवाली एक किताब पिछले दिनों आई थी
जो कहती थी कि मनुष्य नाम की प्रजाति
सबसे ज़्यादा क्रूर और हिंसक है

स्वर्ग विभाजित हो चुका था
और उसकी हैसियत एक दर्ज़ा कम हो गई थी
उसकी नकेल अब लुटियन की राजधानी के हाथ में थी
पिछली सदी के तानाशाहों के प्रेतों को अपने कंधों पर ढो रहे
सात समुन्दर पार से आए कुछ मेहमान, सुरक्षा के बीच

स्वर्ग की सड़कों पर घूम रहे थे
कि इस बात की ताईद कर सकें
कि स्वर्ग में ख़ुशहाली ही ख़ुशहाली है
किसी ने आधा सेब खाया हो या न खाया हो
किसी को भी स्वर्ग से बहिष्कृत किया जा सकता था किसी भी वक़्त
स्वर्ग में न फ़ोन चालू थे, न मोबाइल और न इन्टरनेट
स्वर्ग में सिर्फ़ सन्नाटा था

मूर्खों के छोटे-बड़े समूह ख़ुशी से चीख़ रहे थे
आसमान फाड़ने की कोशिश में उनके गले की नसें फूल गई थीं

विरोध कर सकने वाली ताक़तें अब भी विरोध कर रही थीं
लेकिन न उनकी आवाज़ कहीं दर्ज़ होती थी
न उनके लफ्ज़!
सारे खिड़की-दरवाज़े बन्द थे
और सड़कों पर सन्नाटा पसरा था!

स्वर्ग में शान्ति थी!!

[7.8.19]

वह बूढ़ी स्त्री और उसकी भेड़ें

उस बूढ़ी स्त्री ने मुझे देखते ही पूछा
क्या तुम चरवाहे हो?
तुम्हारी शक्ल बिल्कुल उस चरवाहे से मिलती है, जो मुझे अक्सर यहाँ मिला करता था।
उन दिनों चरनी की यह ज़मीन दूर-दूर तक फैली हुई थी
हरे के अलावा कोई रंग ही नहीं दिखता था दूर-दूर तक
अब तो यह इतनी सिकुड़ गई है कि बीस भेड़ें भी अपना पेट न भर सकें।
उसने थोड़ा हँसकर कहा : यह बहुत पुरानी बात है
उसकी आँखें पल भर को अतीत के
किसी दृश्य में झाँकती-सी लगीं।
तब मेरी उमर बीस-बाईस साल की रही होगी...
तुम्हारी आवाज़ भी उस चरवाहे से बहुत मिलती है और तुम्हारा बोलने का अन्दाज़ भी
तुम जो अचानक उठकर उधर सीवान की तरफ़ चल पड़ते हो, जाने क्या सोचते हुए...
और उस समय तुम्हें कोई कितनी भी आवाज़ दे,
तुम्हें किसी की आवाज़ नहीं सुनाई देती,
यह बात भी चरवाहों जैसी ही है।

चरवाहों की आँखें ही नहीं, उनके कान भी भेड़ों की तरफ़ ही लगे रहते हैं
मेरे पास भी एक समय दस-बारह से भी ज़्यादा भेड़ें थीं
मैं उनका ऊन उतारकर गाँव के बच्चों के लिए स्वेटर बुना करती थी
बच्चों को और ख़ासकर ग़रीब घर के बच्चों को सर्दी कम ही लगती है
ऐसा है नहीं पर...ऐसा हम मान लेते हैं
धूल उनके बदन को ढँके रहती है।
उनके पाँव, उनके हाथ और उनके चेहरे भी धूल में इस तरह सने होते हैं
कि कभी-कभी लगता है जैसे उन्हें धूल से ही बनाया गया है।
लोग कहते हैं, ये बच्चे कितने गंदे रहते हैं।
लोगों को क्या पता कि धूल भी एक स्वेटर है।
जैसे हँसी या हँसी-हँसी में एक दूसरे से झूम जाना
बात-बात पर दौड़ लगा जाना, पहाड़ों पर, पेड़ों पर चढ़ जाना,
ये सब उन बच्चों के स्वेटर हैं!
ग़रीब-ग़ुरबा झरे हुए पत्तों और टूटी हुई डगालों से आग सुलगा लेते हैं
राख, मिट्टी और धूल को भी कपड़े बना लेते हैं।

उसे एकाएक लगा कि बहुत देर से वो ही बोले जा रही है...
पल-भर को रुककर उसने फिर कहा :
मैं जैसे-जैसे अकेली होती जा रही हूँ
मेरी बातें बढ़ती ही जा रही हैं
मैं भूल जाती हूँ कि मैं कब से बोल रही हूँ...
लगता है, बोलती ही रहूँ...बोलती ही रहूँ...
जब मैं किसी बच्चे के लिए नया स्वेटर बुनती थी,
वो उसे पहनकर जैसे ख़ुश होता
और बार-बार उस स्वेटर को छू-छू कर देखता था,
उस ख़ुशी को दुनिया की कोई भी भाषा कह नहीं सकती।

मैं उस दिन उस भेड़ के साथ देर तक बतियाती थी
जिसके ऊन से वह स्वेटर बुना जाता था
मैंने देखा है जब वह बच्चा स्वेटर पहनकर भेड़ के पास आता,
तो भेड़ कूदती-फाँदती बहुत देर तक मैदान में मस्ताती रहती थी
ख़ुशी सिर्फ़ शरीर से ही बोली जा पाती है...!

लेकिन धीरे-धीरे एक-एक कर मेरी सारी भेड़ें गुम गईं
मेरे घुटने दुखने लगे थे और मैं उनको ढूँढ़ने नहीं जा पाती
लोग समझाते कि एक दिन सबकी भेड़ें चली जाती हैं
और खो चुकी भेड़ें कभी वापस नहीं मिलतीं।
भेड़ें बीते दिनों जैसी होती हैं जो वापस नहीं लौटतीं!

अब कभी-कभी जब यहाँ चरनी के इस छोटे-से टुकड़े पर आकर बैठती हूँ
पेड़ से पीठ टिकाते ही अचानक मुझे झपकी आ जाती है
और सारी भेड़ें पता नहीं कहाँ-कहाँ से आकर मेरे अगल-बगल इकट्ठी
हो जाती हैं
मैं पता नहीं कितनी देर तक उनसे बतियाती रहती हूँ।
कभी-कभी उनको देखकर दुख होता है
उन पर धूल चढ़ती जा रही है।
उनको किसी ने लगता है बरसों से नहलाया नहीं है
शायद बरसों से किसी ने उनकी ऊन भी नहीं उतारी है।

लेकिन आँख खुलते ही सारी भेड़ें फिर गुम हो जाती है
पहले उनके गुम हो जाने का दुख होता था, पर अब नहीं होता
आदत हो गई है...

मैं जानती हूँ एक दिन जब मैं गहरी नींद मैं सोऊँगी
मेरी सारी भेड़ें मेरे पास चली आएँगी

और फिर मैं उनको कभी जाने नहीं दूँगी,
मैं आँख ही नहीं खोलूँगी
कि वो फिर से गुम हो जाएँ
मैं आँख मीचे-मीचे उन्हीं के साथ चली जाऊँगी,
जहाँ भी...जिधर भी वो जाएँगी।

[22.4.20]

पृथ्वी का चक्कर

यह पृथ्वी सुबह के उजाले पर टिकी है
और रात के अँधेरे पर

यह चिड़ियों के चहचहाने की नोक पर टिकी है
और तारों की झिलमिल लोरी पर

तितलियाँ इसे छूकर घुमाती रहती हैं
एक चाक की तरह

बचपन से ही सुनता आया हूँ
उन क़िस्सेबाजों की कहानियाँ जो कहते थे
कि पृथ्वी एक कछुए की पीठ पर रखी है
कि बैलों के सींगों पर
या शेषनाग की थूथन पर
रखी है यह पृथ्वी

ऐसी तमाम कहानियाँ और गीत मुझे प्रिय हैं
जो पृथ्वी को प्यार करने से पैदा हुए!

मैं एक आवारा की तरह घूमता रहा
लगातार चक्कर खाती इस पृथ्वी के
पहाड़ों जंगलों और मैदानों में
मेरे भीतर और बाहर गुज़रता रहा
पृथ्वी का घूमना

मेरे चेहरे पर उम्र की सारी लकीरें
पृथ्वी की परिक्रमाओं से बनी हैं!

[22.1.03]

आकाश मेरा दुश्मन है

यह कृष्णपक्ष नहीं, पर मैं क्यों बताऊँ कि चाँद मेरी जेब में है
और मैं उसे निकालूँगा नहीं

समय को शब्दों की डिबिया में मैंने बन्द कर लिया है
पर मैं क्यों बताऊँ

यह जो आकाश है मेरी हर चीज़ में छिपकर बैठ जाता है
जूते में छिपकर बैठा है बिच्छू की तरह
खूँटी पर टँगी मेरी कमीज़ की बाँहों में
घुसकर बैठा है अपनी बाँह डाले

आकाश मेरा दुश्मन है
मैं कुछ बोला नहीं कि तत्काल
अपनी हथेली फैला देगा मेरे शब्दों के नीचे
और चाहूँ, न चाहूँ
मेरा बोला, अबोला सब पहुँच जाता है दूसरे तक

यह सारी गड़बड़ी मैंने ही की है पर मैं क्यों बताऊँ
आकाश मेरा दुश्मन है

और दुश्मनी में सब कुछ जायज़ है!

[18.5.03]

हमारी घड़ी

तो तुम कितने भाई हो?

—हम पाँच भाई हैं और एक बहन
बहन पहले भाई के पीठ की है
उसकी शादी बहुत कम उम्र में ही कर दी गई
क्योंकि मेरे दादा आख़िरी दिनों में अन्धे हो गए थे
और उनकी इच्छा थी कि उनकी पोती की शादी
उनकी आँख मुँदने से पहले हो जाए

पचास की मन्दी तो तुम्हें याद होगी
सारा राशन उन दिनों कंट्रोल की दुकान से लाना पड़ता था
इधर बहन की शादी हुई और उधर दादा जी ने
आँखें मूँद लीं
अंग्रेज़ हमारे मुल्क से जा चुके थे
पिता बेरागढ़ छावनी के डिस्पोज़ल आफीसर थे
अंग्रेज़ी ढंग का जो थोड़ा-सा फ़र्नीचर हमारे घर में दिखता है
यह उसी ज़माने का है

तो तुम पाँच भाई हो?

—हाँ हम पाँच भाई हैं
और हमारे बीच एक ही साइकिल थी
जिसकी चैन अक्सर उतर जाती थी और सीट निकल आती थी
हम पिकासो के बारे में तब तक कुछ नहीं जानते थे
लेकिन सीट को साँड के सिर की तरह अपने सिर पर लगाकर
हम बुलफाइट का खेल खेलते थे
साइकिल को लेकर हम में अक्सर झगड़ा होता था
और आए दिन किसी-न-किसी की पिटाई हो जाती थी

तो तुम पाँच भाई हो?

—हाँ हम पाँच भाई हैं
दोस्त कहता छह होते तो क्या उखाड़ लेते?
क्या फ़र्क़ पड़ जाता इस दुनिया की बेहूदगियों पर?
मैं सोचता हूँ
काश! हम सात होते सात दिनों की तरह
तो हमारा अपना सप्ताह होता, अपना महीना
हम कह देते अपने पास रखो
डरावने दिनों से भरा अपना कैलेंडर
हम अपने दिन अपने ढंग से जिएँगे

पर हम पाँच थे पाँच उँगलियों की तरह
और इनके बीच फैली हथेली की रेखाओं को पढ़ने की कोशिश
न ही करो तो अच्छा है

अतीत के मिस्त्री ने बनाई है हमारे मन की घड़ी
इसलिए वह तुम्हारे समय के हिसाब से तो
चलने से रही!

[2.3.07]

छोटे पाँव लम्बी दूरियाँ

बहुत छोटे थे बचपन के पहाड़
जब चाहते, उनकी सबसे ऊँची चोटी तक चढ़ जाते
थक जाते तो कौवे की चोंच-सी बाहर निकली
कॉक शिला पर सुस्ताने को लेट जाते
आड़ी-टेढ़ी गलियों से निकलते और बचपन के रास्ते
अनुमान से भी पहले ही ख़त्म हो जाते
पेड़ों की सबसे ऊँची डगालें भी
पैरों की पहुँच से बाहर न थीं

पिता, चाचा या मामा की जूतियों में पाँव डालते
तो लगता कि किसी नाव में खड़े हैं
धरती पर उन्हें पहनकर इस तरह चलते
जैसे पानी की सतह पर चल रहे हैं
बचपन के पाँव इतने छोटे थे और इतने मुलायम
कि उनको अपनी ही हथेली में समटते हुए लगता
कि ये हमारे पाँव नहीं दो खरगोश हैं
जिन्हें ग़लती से हमने अपनी हथेली में समेट लिया है
और हाथों से छूटते ही
ये एक लम्बी छलाँग लगाएँगे और दौड़ जाएँगे

किसी न किसी दिशा में
और अक्सर होता भी ऐसा ही था
उन छोटे-छोटे पाँवों से नाप आते थे हम पूरा गाँव

बचपन के पाँव छोटे थे और फेफड़ों में
साँस बहुत लम्बी थी
सैंकड़ों सीढ़ियाँ चढ़ते-उतरते भी साँस नहीं फूलती थी
पहाड़ों को धाँगते हुए भी हाँफते नहीं थे कभी

उम्र के साथ लेकिन थकते जाते थे पाँव
पहाड़ इतने ऊँचे हो गए थे कि तलहटी में खड़े-खड़े
सिर्फ़ हसरत से देखते रहते थे उनकी तरफ़
सीढ़ियों पर चढ़ना तो दूर उनको देखने-भर से ही
फूलने लगती थी साँस

शरीर का गणित एक अजीब उलटबाँसी थी
भूले से कहीं मिल गए बचपन के जूते में
बचपन के पाँव ढूँढ़ते थे!!

[26.10.19]

भूलने की भाषा में

पानी की भाषा में एक नदी
मेरे बहुत पास से गुज़री।

उड़ने की भाषा में बहुत सारे परिन्दे
फड़फड़ाकर उड़े अचानक
आकाश में
बादलों से थोड़ा-सा नीचे।

एक चित्रलिपि में लिखे पेड़ों पर
बहुत सारे पत्ते हिले एक साथ
पत्तों के हिलने में
सरसराने की भाषा थी।

लगा तुम जैसे
यहीं कहीं हो
देह की भाषा में अचानक कहीं से आती हुई।

भूलने की भाषा में
कुछ न भूले जा सकने वाले को
बुदबुदाती हुई!

[11.5.03]

उसी सड़क पर बार-बार

बार-बार उसी सड़क पर आता हूँ
नुक्कड़ के पास बनी गुमटी की आड़ में
खड़ा रहता हूँ सुबह से शाम तक
मैंने कितने बसन्त सड़क पर उतरते देखे
मैंने कितने पतझर सड़क पर बिखरते देखे
एक उदासी वहाँ चक्कर काटती रहती थी
जिसके बालों और कपड़ों पर सूखे पत्ते
और चिड़ियों के पंख चिपके थे
वो किसी को अपनी उदासी का कारण नहीं बताती थी
मैंने सड़क को तपते और पिघलते देखा
मैंने उस सड़क को ठिठुरते और भीगते देखा,
देखा वहाँ एक चाँद
गिरे हुए सिक्के की तरह पड़ा था
मन किया कि लोगों की नज़र बचाकर उठा लूँ
और चुपचाप रख लूँ उसे अपनी जेब में
या ज़ोर से उछाल दूँ आसमान की तरफ़
चिल्लाकर कहूँ कि लो सँभालो तुम्हारा यह सिक्का
यह यहाँ सड़क पर गिर गया था
आसमान! लगता है तुम्हारे कोट की जेबें फटी हैं

उनसे कई बार मैंने देखा कि तारे गिरकर
टूट-फूट जाते हैं
लेकिन मैं इस चाँद को उठाने यहाँ नहीं आया था

मैं तो एक बीते हुए क्षण को ढूँढ़ रहा था उस सड़क पर
जो ढूँढ़े से भी नहीं मिल रहा था कहीं

मैं बार-बार उसी पल को ढूँढ़ने यहाँ आता था
पर यह रास्ता था और यहाँ समय को ठहरने की इजाज़त नहीं थी
बार-बार भ्रम होता था मुझे कि एक बार फिर वह पल लौट आएगा
कि यही, यही तो वह जगह है
जहाँ एक दिन मैंने तुम्हें पहली बार देखा था

क्या तुमने अपना रास्ता बदल लिया था
क्या तुम सिर्फ़ उसी दिन उस रास्ते से गुज़री थीं
क्या फिर कभी तुम्हारा उधर आना हुआ ही नहीं
कुछ भी हो सकता था
हो सकता था के भीतर, कितना कुछ हो सकता था छिपा था
मैं किसी एक हो सकने की चाहत में
बार-बार इस सड़क पर आता था
मैं बार-बार
उसी क्षण को उसी रास्ते पर देखना चाहता था

पर रास्ते पर कुछ भी ठहरा नहीं रहता!

[19.3.15]

आना

पश्ताकद पहाड़ी लोग
जैसे थोड़ा झुककर चढ़ते हैं चढ़ाई पर
छोटे दिन और लम्बी रातों वाली तारीख़ें
बढ़ रही हैं अक्टूबर की तरफ़।
आसमान और धरती के गुप्त रास्तों से
वापस आ रहे हैं फूल
जैसे कई तीर एक साथ फेंके हों कामदेव ने।

फूल आते हैं तो पीछे-पीछे आती हैं
बहुत सारी रंग-बिरंगी तितलियाँ
समय की मशीन पर बैठा एक नौजवान दर्ज़ी
आसमान के रंग-बिरंगे टुकड़ों से
सी रहा है नई क़मीज़ें।

नए अँखुओं की तरह मेरे पैरों में उग रही हैं
नई-नई यात्राएँ।

आना एक का
जैसे दूसरे के आने का दरवाज़ा है

आसमान एक दरवाज़ा है
समुद्र एक दरवाज़ा है
हवा एक दरवाज़ा है
दरख़्त एक दरवाज़ा है
आग पानी पत्थर और पहाड़
सब दरवाज़े हैं

तुम्हारा आना एक दरवाज़ा है
जिससे भीतर आता हूँ एक घर में
और बाहर जाता हूँ
वापस लौटने के लिए।

नक़्क़ारख़ाना

एक वक़्त था कि इस नक़्क़ारख़ाने के दरवाज़े पर भी
नौबत बजती थी

फिर इसके अहाते में लकड़ी के फर्रों, टीन के पतरों
और टाट के पर्दों की आड़ में
कई छोटे-छोटे घर बन गए
मुफ़लिसी की आड़ के पीछे छिप गए पुराने गलियारे
दालानें और कोठरियाँ
इन्हीं में से एक घर के आगे मैं आवाज़ लगाता हूँ
परदा सरकाकर घर में दाख़िल होता हूँ
मैं रोज़ एक लड़की को यहाँ केमिस्ट्री पढ़ाने आता हूँ
कुछ देर बाद एक छोटा-सा लड़का मेरे लिए चाय ले आता है
धीरे-धीरे खण्डहर में तब्दील हो रहा है नक़्क़ारख़ाना

नक़्क़ारख़ाने के अहाते में लगभग अँधेरा है
एक आधा टूटा चाँद और बिजली के खम्बे पर
सिर्फ़ एक पीला बल्ब टिमटिमाता है
कहते हैं इस नक़्क़ारखाने को दोस्त मोहम्मद ने बनवाना शुरू किया था
इस रियासत का वह पहला नवाब था जो अपनी टुकड़ी के साथ

भटककर इस ओर निकल आया था
फिर अधूरे रह गए नक़्क़ारख़ाने को यार मोहम्मद ने तामीर किया
इसके दरवाज़ों और दीगर हिस्सों में गुलकारी के रंगीन काम को
हयात मोहम्मद ख़ान ने अंजाम दिया

उस गुलकारी का अब कहीं नामोनिशान नहीं
बस कहीं-कहीं उखड़े और मैले हो गए रंग के कुछ टुकड़े
बाज़ वक़्त नज़र आ जाते हैं

इससे पहले कि उस शहर को मैं पूरी तरह से खो दूँ
जिसमें कभी-कभी मैं अपने बचपन से मिल लेता था
मैं उस लड़की को बताना चाहता हूँ
पर बता नहीं पाता
कि उसकी केमिस्ट्री का कोई लेना-देना नहीं इससे
अपने अन्दर घुमड़ती अपनी ही आवाज़
मुझे एक तूती की तरह लगती है
अपनी उस नकियाती आवाज़ को
कभी-कभी तो मैं ख़ुद भी सुन नहीं पाता।

[21.9.04]

उम्र का आल्हा

चढ़ी पहाड़ी धँसे वनों में
सड़कें नापीं
बजा ढोलकी आल्हा गाया
इसकी उसकी चिट्ठी बाँची

इस घर सौदा उस घर सानी
इस घर रोटी उस घर पानी
कटी उम्र बस यूँ कल्याणी

न घर बाँधा, न पाला खरहा
आगे नाथ, न पीछे पगहा।

[11.10.86]

इस घर में

जीवन नाम का यह घर कितनी आशंकाओं और
दुर्घटनाओं से भरा है
फिर भी इसमें ही इतने बरसों से रहा आता हूँ

आकस्मिकताओं की ओर खुलने वाली
दर्जन-भर खिड़कियों को
कई-कई बार चिटकनी लगाकर अच्छे से बन्द करता हूँ
तेज़ हवा कभी भी पल्लों को भड़भड़ाती है
हवा के दबाव में कोई न कोई पल्ला खुल ही जाता है
पल्ला नहीं खुलता तो पल्लों में लगा
कोई शीशा चटक जाता है अचानक
अनिश्चितताओं की ओर खुले दरवाज़ों से
समय-असमय चला आता है कोई भी भीतर
परिचित-अपरिचित कोई भी

दीवारें धीरे-धीरे भुरभुरी होती जाती हैं
पलस्तर झरता है
एक पूर्वज कवि की कविता के मनु का चेहरा
दीवार पर उभरता है[1]

---

1. मुक्तिबोध की *अँधेरे में* कविता को याद करते हुए।

हमारे समय की सबसे भयावह घटनाओं की एक फ़िल्म
तेज़ी से दौड़ती है उसकी खोपड़ी को स्क्रीन बनाती हुई
भय पाँव पकड़कर बैठ जाता है

पर जहाँ जिस जगह बहुत दिन रह लो
उसमें रहने की ऐसी लत बन जाती है
कि कहीं छोड़कर जाने का न मन करता है
न हिम्मत होती है

फिर मेरा तो जन्म ही इसी घर में हुआ
माना यह घर जर्जर हो रहा है, कभी भी गिर सकता है
पर इतने बरसों से रहते-रहते ऐसा कुछ हो गया है
कि इसको छोड़कर कहीं और जाने का
मन ही नहीं करता।

[27.2.18]

बौर आ गया है

आम पर बौर आ गया है
मादक गंध के आसपास बहुत बारीक फतिंगे उड़ रहे हैं
और एक-एक कर दिन-भर पेड़ से पत्ता झर रहा है
पूर्वज कवि कह गया है
किताबी होगा वह कवि जो कहेगा
कि पत्ता झर रहा है
कहो कि पेड़ कुछ कर रहा है[1]

कभी पूरा पतझर नहीं होता
आम पर
इसी तरह पत्ता-पत्ता झरता है
इस तरह पेड़ दिन-भर कुछ न कुछ करता है
नए पत्ते जगह ले लेते हैं
पुराने पत्तों की

चिन्ता ही नहीं करनी पड़ती
पेड़ को कपड़े-लत्तों की!

[28.2.18]

---

1. रघुवीर सहाय की कविता को याद करते हुए।

बाहर जाने का कोई दरवाज़ा नहीं

धूप को विटामिन डी बनाकर लौटता हूँ
तो नीम की हरी पत्तियाँ अपनी कड़वाहट
उलीच देने को आतुर हैं मेरी ज़बान पर
पानी में फूले रखे हैं चिया के बीज
आँगन की तुलसी एक छोटी-सी शीशी में रखी है
अर्क बनकर!
पूर्वज कवि छायावादी कविता में दुह चुके
प्रकृति का सारा सौन्दर्य
हम क्या करें,
क्या करें इस अद्‌भुत करिश्मों से भरी प्रकृति का
जो विटामिन्स और दवाओं में बदल दी गई है हमारे लिए

हल्दी का प्यारा पीला रंग
एक एन्टीसेप्टिक की तरह नज़र आता है
कच्चे नारियल पर कान लगाकर सुनना चाहता हूँ समुद्र को
लेकिन सुनाई देती है मेरे डॉक्टर की आवाज़
आपके ख़ून में कम हो गया है पोटेशियम
रोज़ कम से कम एक नारियल पीना है आपको
अलसी, मेथी, जीरा, दालचीनी और भी जाने क्या, क्या
सब कुछ तो बदल गया है देह के लिए

किसी न किसी लाभ में
ओ मेरे आदि कवि!

तुम तो पूरी धरती को हथेली पर रखे आँवले की तरह देख लेते थे
एक मैं हूँ इक्कीसवीं सदी का मारा कवि
कि आँवला च्यवनप्राश में बदल गया है
मेरे लिए!

ओ प्रकृति तेरे अचम्भों से पैदा किए हमने कितने सारे देवता
तेरी आकस्मिकताओं और लुके छिपे रहस्यों से
पैदा किए हमने कितने जादू-टोने
हाय! लेकिन तेरी इस माया का क्या करें
जहाँ तू ही महामारी है
और तू ही दवा भी!
हम अपने डर को लेकर कहाँ भागें, कहाँ जाएँ
तुझसे बाहर जाने का कोई दरवाज़ा नहीं!

[26.11.20]

लोकल एनेस्थीसिया

मैं लोकल एनेस्थीसिया के जादू की गिरफ़्त में था!

मेरी आँख के सामने हो रही थी मेरे घाव की चीर-फाड़
तकलीफ़ लेकिन देह के भीतर कहीं छिप गई थी
और लुका-छिपी का खेल खेल रही थी
वह मौक़ा लगते ही कभी भी
अचानक हमला कर सकती थी मेरी देह पर

डाक्टर मेरे घाव पर चीरा लगा रहा था
नर्स रूई के बड़े-बड़े फाहों से पोंछ रही थी ख़ून और मवाद
जूनियर डाक्टर सुई से सी रहा था मेरे घाव को
लेकिन न चाक़ू के चलने की तकलीफ़ थी, न सुई की चुभन
दूर लगे टीवी स्क्रीन पर चल रहा था सारा दृश्य
और कोई कराह, कोई चीख़ नहीं थी

एक साउंडप्रूफ़ रूम में कोई अभिनेता हाथ हिला-हिला कर
ज़ोर-ज़ोर से बोल रहा था अपने संवाद
तरह-तरह की मुख-मुद्राएँ बनाता
कितनी हास्यास्पद लग रही थीं उसकी बेआवाज़ मुद्राएँ

इतना अजीब था सब कुछ कि कुछ ही देर बाद
साउंडप्रूफ़ रूम के बाहर लगे शीशे से उसे देख रही उसकी प्रेमिका
ग़ुस्से में उठी और तनतनाती हुई बाहर चली गई।

लेकिन एनेस्थीसिया के प्रभाव के बाहर खड़ी मेरी तकलीफ़
कोई बेचैन प्रेमिका नहीं थी
कि ग़ुस्से में छोड़कर चली जाती
वो सिर्फ़ मौक़े की तलाश में थी
कि कब मुझे दबोच ले!

[7.2.06]

आईना

घर में एक आईना है
आईने में एक आदमी रहता है
जो हू-ब-हू मेरी तरह दिखता है
सारी हरकतें मेरी तरह करता है
मेरी ही तरह उठता-बैठता है चाय पीता है
अख़बार पढ़ता है
हरी मिर्च को दाँत से काटता है
और सी-सी करता है
यहाँ तक कि वह मेरी ही तरह
कविता भी लिखता है

मेरी तरह तैयार होता है जूते पहनता है
लेकिन जब मैं घर से बाहर जाता हूँ
वह मेरे साथ-साथ घर से बाहर नहीं आता
मैं नौकरी बजाने जाता हूँ दिन-भर खटता हूँ
सौदा-सुलुफ लेने बाज़ार जाता हूँ
बिजली का, पानी का बिल भरने जाता हूँ
घर में पड़ा-पड़ा वह दिन-भर क्या करता है
मुझे नहीं पता

लेकिन थका-हारा जैसे ही मैं उसके सामने आता हूँ
वह भी मेरी ही तरह थके-हारे होने का
स्वाँग करता है

मैं कहता हूँ कि कुछ दिन के लिए
मैं तुम हो जाता हूँ

और तुम मैं हो जाओ

पर वह दुष्ट इस इच्छा को भी
मेरी ही तरह दोहराता है
सिर्फ़!

[24.01.2013]

सिलवटों का फ़ॉसिल

सुबह-सुबह आइने के सामने आता हूँ
तो नज़र आते हैं पीठ, बाँहों और गालों पर
चादर पर पड़ी सिलवटों के निशान

एकाएक लगता है पत्थर का होता जा रहा हूँ मैं
समय ही कुछ ऐसा है कि पत्थर हो सकता है
कोई भी, कुछ भी, किसी भी समय
हो सकता है किसी दिन जब तुम बाज़ार से लौट रहे हो
एक भौंकता और तुम्हारे पीछे लपकता कुत्ता
अचानक पत्थर के कुत्ते में बदल जाए
रँभाती गाय, पगुराती भैंस या मिमियाती बकरी
पत्थर की गाय, पत्थर की भैंस और
पत्थर की बकरी बन जाए अचानक
भीत पर दौड़ती छिपकली पत्थर की होकर गिरे और टूट जाए
पत्थर के शिल्प में बदल जाए
चूहे को दबोच लेने को पंजा उठाई बिल्ली

किसी भी समय पत्थर का हो सकता हूँ मैं
बन सकता हूँ सिलवटों का जीवाश्म

एक दिन कोई शोध-छात्र उस फ़ॉसिल के पास आएगा
जगह-जगह बने सिलवटों के निशान देखेगा
और अनुमान लगाएगा
क्या वह इस नतीजे तक पहुँच पाएगा
कि कई-कई रातों तक ठीक से नहीं सोया होगा यह आदमी
कि करवटें बदलता रहा होगा यह रात-रात भर
सिलवटों के उस जीवाश्म के भीतर
क्या कहीं मिल पाएगी उसे मेरी बेचैनी भी

क्या पहाड़ों को लाँघते
नदियों को पार करते
भूलभुलैयों में भटकते
एक दिन वह समय के उस तोते तक पहुँच जाएगा
जिसकी जान में क़ैद रही आई
मेरी नींद और सपने?

सिलवटों के जीवाश्म का यह मानचित्र
कहाँ तक...
कहाँ-कहाँ तक पहुँचा पाएगा उसे?

[1 जून 09; रात 11.30]

पक्की दोस्तियों का आईना

पक्की दोस्तियों का आईना इतना नाज़ुक होता जाता था
कि जरा-सी बात से उसमें बाल आ जाता और
कभी-कभी वह उम्र-भर नहीं जा पाता था।

ऐसी दोस्तियाँ जब टूटती थीं तब पता लगता था
कि कितनी कड़वाहट छिपी बैठी थी उनके भीतर
एक-एक कर न जाने कब-कब की, कितनी ही बातें याद आती थीं
कितने टुच्चेपन, कितनी दग़ाबाज़ियाँ छिपी रहीं अब तक इसके भीतर
हम कहते थे, यह तो हम थे कि सब कुछ जानते हुए भी निभाते रहे
वरना इसे तो कभी का टूट जाना चाहिए था।

पक्की दोस्तियों का फल
कितना तिक्त कितना कटु भीतर ही भीतर!

टूटने से ख़ाली हुई जगह को भरती थी हमारी घृणा!

उम्र के साथ साथ नए दोस्त बनते थे और पुराने छूटते जाते थे
बचपन के लँगोटिये यार बिछड़ जाते थे।
कभी-कभी तो महीनों और साल-दर-साल उनकी याद भी नहीं आती

साल चौमासे या बरसों बाद उनमें से कोई अचानक मिल जाता था
कसकर एक दूसरे को कुछ पलों को भींच लेते थे
फिर कोई कहता कि यूँ तो मैंने सिगरेट पीना छोड़ दिया है
पर आज तेरे मिलने की ख़ुशी में बरसों बाद एक सिगरेट पिऊँगा
दोनों सिगरेट जलाते थे।

अतीत के ढेर सारे क़िस्सों को दोहराते थे,
जो दोनों को ही याद थे
बिना बात बीच-बीच में हँसते थे, देर तक बतियाते थे
लेकिन अचानक महसूस होता था
कि उनके पास सिर्फ़ कुछ यादें बची हैं
जिनमें बहुत सारे शब्द हैं पर सम्बन्धों का ताप कहीं चुक गया है।

पक्की दोस्तियों का आईना
समय के फ़ासलों से मटमैला होता जाता था।

रात-दिन साथ रहकर भी जिनसे कभी मन नहीं भरा
बातें जो कभी ख़त्म होने का नाम ही नहीं लेती थीं
बरसों बाद उन्हीं से मिलकर लगता था
कि जैसे अब करने को कोई बात ही नहीं बची
और क्या चल रहा है आजकल...जैसा फ़िज़ूल का वाक्य
बीच में बार-बार चली आती चुप्पी को भरने के लिए
कई-कई बार दोहराते थे
कोई बहाना करते हुए कसमसाकर उठ जाते थे
उठते हुए कहते थे...कभी-कभी मिलाकर यार!
बेमतलब है यह वाक्य हम जानते थे
जानते थे कि हम शायद फिर कई साल नहीं मिलेंगे।

मुश्किल वक़्त में ऐसे दोस्त अक्सर ज़्यादा काम आते थे
जिनसे कभी कोई ख़ास नज़दीकी नहीं रही।

पक्की दोस्तियों के आईने में
एक दिन हम अपनी ही शक्ल नहीं पहचान पाते थे।

[28.9.12]

चिड़िया

जीवन का रेंगना
एक दिन अचानक
उड़ान में बदल गया
तभी भाषा में एक नया शब्द
पैदा हुआ

चिड़िया!

[30.12.08]

पुनश्च

यह कविता पिछली कविता का पुनश्च है!

और पिछली कविता
उससे पहले की किसी कविता का

किसी अदृश्य हो गई नदी की स्मृति
बनी रहती है दूसरी नदियों के बीच
उसकी अदृश्य उपस्थिति
उसकी स्मृति का पुनश्च है

लुप्त हो गईं न जाने कितनी भाषाएँ
उनमें रचा गया जीवन का राग-रंग
किसी न किसी भाषा में से झाँकता
दिख जाता है एक दिन अचानक
और कोई न कोई उसे पहचान लेता है
इतना निरंतर है सब कुछ
कि गर्भाशय में बच्चा एक बार फिर
गुज़रता है उन तमाम
अवस्थाओं से

जिनको पार करके आया
वह यहाँ तक

किसी कवि की कविता सुनते या गुनते
अचानक आती है याद उसी की कोई और कविता
और उस कविता में भी धीमे-धीमे सुनाई पड़ता है
किसी और पुरानी कविता का अनुरणन

जो कहा जा चुका पहले भी कई-कई बार
पर बचा रहा जो अनकहा कुछ फिर भी
उसी को जोड़-घटाकर एक बार फिर कोई कवि कहता है

दुनिया की सारी कविताएँ पहले रची जा चुकी
किसी न किसी कविता का पुनश्च हैं
सारी कविताएँ मिलकर बन जाती हैं
एक महावाक्य!

लिखना पड़ता है, लिखते ही रहना पड़ता है बार-बार
वह जो पिछली बार छूट गया
या कहा गया कुछ अलग तरह से
जिसको कह देने के बाद भी नहीं हुई पूरी तसल्ली अब तक

हर कविता का हो सकता है एक ही शीर्षक
—पुनश्च

सुविधा के लिए चाहें तो एक दो तीन...
कोई भी क्रम डाल सकता हूँ...!

[16.4.18]

अजीब मुश्किल

मुश्किल में हूँ और थोड़ा परेशान भी कि मैंने कविता की
जिस पंक्ति में जिस जगह रखा था चाँद
अब वह वहाँ नहीं है
कविता की सड़क के किनारे क़तार में खड़े थे जो पेड़
रातोरात उन्हें कोई चुराकर ले गया
बहुत लम्बी उड़ान भरकर न जाने किन-किन मुल्कों के
समुद्रों और जंगलों से आए थे अलग-अलग प्रजाति के
रंग-बिरंगे परिन्दे
ऐसी नंगी निचाट जगह रहकर लेकिन वे क्या करते
वो शायद वापस लौट गए अपने मुल्क

यह सब क्योंकर हुआ, कैसे हुआ
किसी को, कहीं, कोई ख़बर नहीं
हमारे शब्द, हमारी भाषा क्या अचानक इतनी मैली हो गई
कि चाँद-सितारों, पेड़ों, परिन्दों
और मार तमाम चीज़ों को
अब शब्दों में अपने को पुकारा जाना पसन्द नहीं रहा?
क्या यह बिम्बों और आकृतियों का सविनय अवज्ञा आन्दोलन है?
किसने, किसने मैला किया है हमारी भाषा को?

शब्दों में आकर अब अमूर्त होना नहीं चाहते
पेड़, परिन्दे, नदियाँ और चीज़ें

शब्दों का पिंजरा खोलकर उड़ गई हैं सारी सूरतें
क्या गुणाढ्य की बड्ड कथा से निकलकर
गुरुकुल का कोई शिष्य इधर आया था
अपने ज्ञान के सत्यापन के लिए क्या उसने
आकृतियों में फिर से फूँक दिए हैं प्राण...[1]

शब्दों से पलायन कर गई सारी चीज़ें
तो कविता का क्या होगा

क्या करूँ,
कहाँ जाऊँ
कविता को छोड़-छाड़कर भाग जाऊँ, चला जाऊँ
रंगों और कूचियों के पास?
पर क्या भरोसा एक दिन रंगों से भाग खड़ी हों
सारी आकृतियाँ!!

[15.6.14]

---

1. सरित्सागर की एक कथा।

कविता की टोपी

कविता की टोपी पहनी तो सारा सुख-चैन
चुराकर ले गए चोर
एक मोरपंख भी नहीं छोड़ा कमबख़्तों ने

कोई थाना नहीं कि जाकर इसकी रपट लिखाता
चोरों की शिनाख़्त यूँ भी नामुमकिन

मौक़ा लगते ही
मेरी नींद को ले भागा चाँद
आँखों के कपाट खुले देखकर
भाग खड़े हुए
आवारा हो गए सारे सपने

नदियाँ भागकर चली गईं समुद्र के पास
लहरें बनाने-मिटाने के खेल में
लग गई हवाएँ

क्या बचा मेरे पास
अँधेरा बचा, उदासी बची, निराशा बची

घड़ी के भीतर दुबका, सहमा, घबराया हुआ
समय बचा
तनाव से जिसकी खोपड़ी फटी जाती थी

इसको लेकर कविता लिखता
तो या तो पुलिस धर लेती किसी अपराध में
या गुंडे आकर पीट जाते बिना बात

कविता लिखता पर कैसे लिखता
हद तो यह थी कि जाते-जाते
कविता की टोपी भी
चुराकर ले गए चोर!

[17.11.16]

चोर-चाँद और अँधेरा

चोर हड़बड़ी में भागते हुए
अँधेरा अपनी पोटली में बाँधकर ले गया
और अपने पीछे खिड़की पर
छोड़ गया चाँद को

मुझे ग़ुस्सा नहीं तरस आया
कि कहीं ऊबड़-खाबड़ रास्तों में
ठोकर खाएगा और फोड़ लेगा अपने घुटने
सोचा आवाज़ दूँ कि इस चाँद को ले जा
तेरे पास टार्च भी नहीं

कैसा अकल का अन्धा और गाँठ का पूरा था
अँधेरा भी कोई चुराने की चीज़ है

तभी आया ख़याल एकाएक
कि चोरों के काम की चीज़ तो अँधेरा ही है

पर अब इस चाँद का मैं क्या करूँ
बिना अँधेरे के यह चाँद भी

चाँद जैसा लगता ही नहीं!

तभी कहीं किसी के ठोकर खाने
और कराहने की आवाज़ आई
और सारे आसमान पर अँधेरा फैल गया
चाँद जो अभी तक मेरी खिड़की पर बैठा था
चुपके से उठा और अँधेरे पर तैर गया

तब किसी के भागते क़दमों की आवाज़ आई
दूर...से...!

[20.11.16]

चाँद धरती के सबसे क़रीब है

उनहत्तर साल बाद आज की रात
चाँद धरती के सबसे क़रीब है
आज की रात सबसे ज़्यादा चमकीला है
चाँद

पागलों के लिए बहुत भारी है आज की रात
आज की रात लाँघ सकता है
समुद्र अपनी सारी सीमाएँ
कविता में अपना दिल निकालकर
रख सकता है कवि आज की रात
आज की रात मजनू को बुरा कह सकती है
लैला मेरे आगे
आज की रात नंगा घूम सकता है कैस
जंगलों की बस्ती में[1]

आज 14 नवम्बर 2016 की रात है
और इसका एक अलग पाठ भी हो सकता है

1. कोई तार-ए-पैराहन जाके उसको पहनाओ / कैस कब से नंगा है जंगलों की बस्ती में: क़ैफ़ भोपाली

इस अँधेरे समय में
चाँद की तरफ़ मत देखो
आज की रात उस से आँख हटाना मुश्किल है!

[12.11.16]

कृतज्ञता

सिरहाने जो खिड़की थी
वहाँ घूमती हवा रात-भर मेरी नींद की रखवाली करती थी
बगल में स्टूल पर रखे लोटे में भरा पानी
रात-भर मेरी प्यास की रखवाली करता था
खिड़की के बाहर आसमान पर हज़ारों तारे थे
और एक चाँद था
जो घूम-घूमकर रखवाली करता था
मेरी नींद की
नींद में भटकते सपनों की

सपनों पर हर पल हमला करतीं कम नहीं थीं
पल-पल घटती घटनाएँ
समय जंगली जानवर-सा घात लगाए बैठा था
लेकिन सिरहाने के पास रखने को लोहे के औज़ार थे
और पत्थरों को रगड़कर आग जलाने का हुनर
हम भूले नहीं थे
आग के भीतर हमारी आवाज़ सुरक्षित थी

सपनों की रखवाली करती ख़ुशबुएँ
फूलों के सिरहाने रतजगा करती थीं

चिड़ियाँ सुबह-सुबह जिनकी कृतज्ञता का
गीत गाती थीं।

विदूषक

(बंसी कौल की याद में)

रँगे हुए चेहरों के नेपथ्य में सन्नाटा है
हँसी अपने को
हर बार नया अर्थ देने वाले
विदूषक को ढूँढ़ रही है
और विदूषक...
पता नहीं कहाँ चला गया है

कोई कह रहा है
कि वह अब कभी नहीं लौटेगा!

[23.2.21]

मुश्किल आसानियों का सफ़रनामा

(बैंक के क़िस्सों की एक तवील दास्तान)

नीले चैक पर रकम भरकर, दस्तख़त करता हूँ
और बैंक के काउण्टर पर बैठी लड़की की तरफ़ बढ़ाता हूँ

—लो आसमान के इस टुकड़े को
रुपयों में बदल दो!

—रुको! इस जादू को देखने के लिए थोड़ा
इन्तज़ार करना पड़ेगा तुम्हें
बेहतर होगा कि तुम क़तार में लग जाओ!

—ठीक है! हालाँकि इस जादू के लिए
बरसों...बल्कि कह सकता हूँ कि सदियों इन्तज़ार किया है मैंने,
थोड़ा और सही...!

काउंटर पर बैठी कैशियर लड़की
आँखों ही आँखों में मुस्कुराती, देखती है
उस आसमानी चैक को
जैसे इतिहास के सदियों पुराने किन्हीं

अदृश्य दरवाज़ों में झाँक रही हो

अचानक दिमाग़ के किसी अज्ञात कोने से निकलता है एक क़िस्सागो
और बैंक-इतिहास के हज़ारों क़िस्से
जाने कहाँ से प्रकट होकर घेर लेते हैं मुझे
कोई क़िस्सा भरता है उड़ान, टिटहरी की तरह चीख़ता हुआ
कि बैंक से पैसे निकालने के लिए चैक काटने का चलन
अब पुरानी बात हो गई
लगता है तुम नींद में हो और किसी पुराने सपने में
चल रहे हो!

मैं आँख मलकर जब तक उठता हूँ
क़िस्सागो मेरे कान में आकर फुसफुसाता है
और उँगली पकड़कर अतीत की एक गुफा में ले जाता है
जब पैसे निकालने के लिए बस एक आसान-सी इबारत थी
और जिसके बारे में यह स्पष्ट नहीं था
कि इस इबारत को किस तरह और किस चीज़ पर लिखा जाए
कहा जाता है कि कुछ लोग इबारत को कभी काली रोशनाई से लिखते
कभी किसी रंग से और कभी-कभी तो ख़ून से लिख लाते!
लोग अपनी गायों, बैलों, बकरियों और कुत्तों की पीठ पर
और कभी-कभी उन भेड़ों की पीठ पर भी
जिनका ऊन उतारा जा चुका होता
इबारत को लिखकर,
जानवर को लिये-लिये ही पहुँच जाते थे बैंक में

ग़नीमत थी और यह बहुत बड़ी ग़नीमत थी
कि शेर या चीता या भेड़िया किसी का पालतू नहीं था
और आसान नहीं था परिन्दों के पंख पर लिखना

मवेशियों को तो शायद पता भी नहीं रहा होगा...
शायद...का, ज़्यादा इस्तेमाल करना मेरी फ़ितरत में नहीं है...
क्या करूँ लेकिन कि मवेशियों के दिमाग़ को ठीक-ठीक पढ़ना
मैं नहीं सीख पाया!
तो मवेशियों को शायद पता नहीं रहा होगा
कि उनके मालिक, किस तरह कर रहे हैं उनका इस्तेमाल
पता होता तो शायद पालतू बनने का ख़याल ही
छोड़ दिया होता उन्होंने!
भाग खड़े होते हमारी पकड़ से बाहर
कहीं जंगलों में जाकर छिप गए होते
जैसे मनुष्यों के ही कुछ पुरखे
सदियों पहले भागकर घने जंगलों में चले गए

क़िस्सागो को चुप रहने की आदत नहीं थी
लगातार वो मेरे कान खा रहा था :

—लालच का जानवर लेकिन इतना ख़ूँख़ार होता है
कि दस परदों में छिपा दो या गाड़ दो ज़मीन के भीतर
वह ढूँढ़ लेगा हर छिपी हुई चीज़ को कहीं न कहीं से
और खदेड़ देगा हर उस शख़्स को
जो उसके लाभ और लालच के बीच आएगा
खदेड़ रहा है जैसे सदियों से बसे आदिवासियों को
उनके जल, जंगल, ज़मीन से बाहर, लगातार
हिरनी के विलाप में तो
राम के अन्याय की गाथा भी गुँथी हुई है

(माफ़ करें यह क़िस्सा लगता है अपने रास्ते से भटक गया है...

क़िस्सों के साथ यही परेशानी है, वो थोड़े आवारा होते हैं।
कहानियों की तरह अनुशासित नहीं रह पाते।)

तो श्रीमान!
इतिहास में ऐसा एक भी हवाला नहीं मिलता
कि किसी जानवर ने कभी अपनी पीठ पर लिखी जा रही इबारत से
कोई ना-नुकर की हो।

तो देवियो और सज्जनो!
मनुष्यों की दुनिया की अर्थव्यवस्था में मुद्रा के लेन-देन की इबारत,
पहली बार लिखी गई किसी पालतू जानवर की पीठ पर
क्योंकि बैंक मैन्युअल में फ़क़त इतना ही दर्ज था
कि जो भी ग्राहक दी गई इबारत को लिखकर बैंक में लाएगा
उसे उसके खाते से पैसा निकालने की सहूलियत दी जाएगी
असल परेशानी हालाँकि इसके बाद शुरू हुई...
कि लाए गए मवेशियों को बैंक, अपने किस रिकार्ड में रखता
कहीं भी रखता तो उन्हें खिलाना-पिलाना भी पड़ता
चराने को चरनी तक ले जाने के लिए
एक चरवाहा भी रखना पड़ता
एक नया खर्चा बैंक के सिर बढ़ जाता
बैंक के नियम इस बारे में स्पष्ट नहीं थे
कि इस खर्चे को किस खाते में डाला जाएगा

बैंक की दिनोदिन जटिल होती जाती प्रणालियों ने
क्या कुछ सीखा उन पालतू मवेशियों से, कहना मुश्किल है
लेकिन ओ! प्यारी गायो, बैलो, बकरियो और कुत्तो
शुक्रिया!
शुक्रिया प्यारे मवेशियो! शुक्रिया!!

महाजनी सभ्यता की इस रीढ़ पर तुम्हारा कभी न चुकने वाला क़र्ज़
बना रहेगा हमेशा!
मैं पूरी मनुष्य जाति की ओर से
तुम्हारा शुक्रिया अदा करता हूँ! शुक्रिया!!
मुझे माफ़ करना मैं बिना इजाज़त क़िस्सों की इस भीड़ में घुस आया
लेकिन मैं दिल से तुम्हारा शुक्रिया अदा करता हूँ
शुक्रिया अदा करता हूँ
क्योंकि बेरोज़गारी और लगभग भुखमरी के बीहड़ दिनों में
एक बैंक ने मुझे नौकरी दी!
मेरी कुल जमा दो पतलूनें पुट्ठों पर से जब पूरी तरह घिस चुकी थीं
और उनकी जेबों में इतने बड़े सुराख हो चुके थे
कि मेरी ग़रीबी बार-बार जेब से बाहर गिर पड़ती थी
एक बैंक ने मुझे नौकरी दी!
मैंने पहली तनखा से अपने थेगले लगे जूतों को फेंककर
एक जोड़ी चप्पल और एक घड़ी ख़रीदी
और अपने मन के सुनसान में खड़े होकर,
चिल्लाकर कहा
देखो, देखो, ओ दुनियावालो!
अब मेरे पास भी अपना ख़ुद का समय है
मैं इसके गले में पट्टा डालकर
बाँधे रख सकता हूँ इसे अपने हाथ पर
मैं जब चाहूँ, जैसे चाहूँ, ख़र्च कर सकता हूँ इसे
एक छोटी-सी पगार के बदले में बेच सकता हूँ
या लुटा सकता हूँ किसी पर भी, किसी भी जगह
मुफ़्त!!
इस वक़्त को भी बता सकता हूँ, किसी भी वक़्त
इसकी असल औक़ात!
हर आदमी, हर वक़्त, वक़्त का गुलाम नहीं होता

वो चाहे तो वक़्त को बना सकता है अपना पालतू जानवर!

मैं अपने उस वक़्त को लेकर, गर्दन ताने
एक ढाबे में घुस गया
आड़ में जाकर मैंने उसे गिलास में डाला
दो पैग लगाए और पेट भरकर मनपसन्द खाना खाया!
निराशा को मैंने एक लात लगाई और अपनी खटिया
पर जाकर लम्बा हो गया!

तो मित्रो!
चैक काटने का चलन तो बहुत बाद में शुरू हुआ!
बहुत सारी बातों पर ग़ौर करने और बहस-मुबाहिसे के बाद
बैंक के मैन्युअल में इस नियम को इंदिराज किया गया
कि पैसा निकालने की इबारत को
सिर्फ़ रोशनाई से, एक सादे काग़ज़ पर लिखा जाए
फिर पैसा निकालने के लिए छपे हुए फ़ार्म भी बनाए गए
और इस तरह एक दिन ग्राहक और बैंक के बीच
काग़ज़ और रोशनाई का प्रवेश हुआ
काग़ज़ का आविष्कार भले ही चीन में हुआ हो
लेकिन देखते ही देखते सारी दुनिया की पूँजी
काग़ज़ की नाव में सवार हो गई!
यह भी कह सकता हूँ
कि काग़ज़ की पतंग पर बैठकर उड़ने लगी!

दख़ल देने के लिए मैं माफ़ी चाहता हूँ
लेकिन बता दूँ कि अतीत के ये सारे क़िस्से
आपकी ही तरह मैंने भी
एक क़िस्सागो से सुने थे

हो सकता है वो थोड़ा गप्पी रहा हो, जैसे सारे क़िस्सागो होते हैं
वो क़िस्सागो तभी से मेरे दिमाग़ के किसी कोने में जाकर,
छिपकर बैठ गया है
और गाहे-बगाहे कभी भी निकलकर अपनी लचांड
शुरू कर देता है!

मैं जब बैंक की नौकरी में आया
बैंक बहुत बदल चुका था
वह अंग्रेज़ों के जमाने का इम्पीरियल बैंक नहीं था
दरवाज़े पर खड़ा चौकीदार हर कर्मचारी का
ऊपर से नीचे तक मुआयना नहीं करता था
किसी को डपटकर नहीं कहता था
कि तुमने आज अपने जूतों पर पालिश नहीं की है, घर जाओ
कि तुम्हारी टाई की गाँठ ढीली है इसे ठीक करो!
और दाढ़ी ज़रा अच्छी तरह बनाया करो
लगता है तुम एक ही ब्लेड का इस्तेमाल
कई दिनों तक करते हो
यह अंग्रेज़ों का इम्पीरियल बैंक नहीं था
किसी ने भी मुझे ऐसी किसी बात के लिए नहीं टोका

यह इम्पीरियल बैंक नहीं था
जहाँ क्लर्क हो या अफ़सर
अपनी माँ का अन्तिम संस्कार करने के लिए भी
ज़्यादा से ज़्यादा दो या तीन घंटे की छुट्टी ही मिलती थी उसे
आँसू सूखने और सिसकियाँ रुकने से पहले ही
उसे अपनी ड्यूटी पर आ जाना पड़ता था
यह अंग्रेज़ों के ज़माने का इम्पीरियल बैंक नहीं था!

मेरे नौकरी पर आने से पहले ही
अन्याय की ये सारी कहानियाँ पुरानी हो चुकी थीं
इम्पीरियल बैंक के बचे-खुचे अफ़सर मुस्कुराना सीख चुके थे
और उस ज़माने के सन्देशवाहक अकड़कर सुनाया करते थे
अंग्रेज़ों के ज़माने के पुराने क़िस्से
कि अंग्रेज़ अफ़सरों को किस-किस तरह से झकाया उन्होंने!
आज़ादी मिलते ही राष्ट्रीयकरण हो चुका था इस बैंक का
और यूनियन के महासचिव को देखकर
खड़ा हो जाता था बैंक का चेयरमैन भी!

दो

दूसरों के लिए जो सहूलियत थी
मेरे लिए आफ़त थी
आप चाहें तो इस रिकार्ड को उलटकर
भी बजा सकते हैं।
कह सकते हैं कि चीज़ें पहले के बनिस्बत आसान हो गई थीं
लेकिन हर आसानी, सबके लिए उतनी आसान नहीं होती
जितनी आसान वह दिखती है
लम्बे, तकलीफ़देह और कई आड़े-टेढ़े रास्तों से
गुज़रकर पहुँचती है वह हम तक

कहने को चैक का चलन
पहले के बनिस्बत एक आसानी थी!
पर चाँद से गप्प लड़ाने और अमन का राग लिखने वाले
कवि शमशेर ने एक कविता लिखी—हरा चेक,

'उसने मुझे एक चेक दिया, इस तरह कि मैं

भुना न सकूँ, बस...'[1]

मैंने पहली बार जाना
कि चैक की आसानी के पीछे भी छिपी हो सकती हैं
कितनी चालाकियाँ
और तंग करने की कितनी करतूतें!

हाय! अँधेरे में डूब गया हरे चेक का वह ताबूत
एक दिन!!

शैतान की आँत की तरह यह दास्तान
जितना खींचो उतनी लम्बी होती जाएगी
फिर भी आपके और क़िस्से के बीच से हटने से पहले
एक बार फिर कहता हूँ
शुक्रिया!
कुछ लोगों के लिए परेशानी का सबब बन गईं
हमारे समय की तमाम आसानियो!
तुम्हारा शुक्रिया!
तुमने कुछ लोगों को मुश्किलों में डाला
लेकिन हमारे जीवन को पहले से कुछ आसान बनाया
शुक्रिया!
जिन्होंने बैंक के साथ छल किया
बड़े-बड़े लोन लेकर भाग गए जो देश छोड़कर
उन सारे लुटेरों पर लानत भेजो
लानत भेजता हूँ मैं हमारी मेहनत की कमाई को लूटनेवालो!
तुमने फ़क़त हमारी मेहनत की कमाई को ही नहीं लूटा
तुम तो हमारे हज़ारों सपनों को भी चुराकर ले गए
जानता हूँ तुम भी उसी के जाए हो

जिसकी हिफ़ाज़त करने को बैंक ने बनाए हैं
लोहे के मज़बूत दरवाज़ों वाले बड़े-बड़े स्ट्रांग रूम!

पता नहीं बैंक की नई प्रणालियों ने धोखाधड़ी करनेवालों के लिए
रास्तों को कठिन बनाया या आसान
लेकिन फिर भी बढ़ती हुई कठिनाइयों और आसानियों,
तुम्हारा शुक्रिया!!
ओ पूँजीवाद की स्पाइनल कॉर्ड को सुरक्षित रखनेवाली
रीढ़ की गुरियो, तुम सलामत रहो!
एक दिन तुमसे सारा हिसाब माँगा जाएगा
उस दिन तुम्हारा कोई करतब काम नहीं आएगा!

तीन

इस तवील दास्तान का एक सिरा पकड़ो
तो दूसरा कहीं खो जाता है
मैं जब तक साइकिल ख़रीद पाया
वक़्त तेज़ रफ़्तार वाली कार में बैठकर निकल गया
न कान उसका पीछा कर पा रहे थे
और न आँख उसे पकड़ पा रही थी

नब्बे के दशक की शुरुआत में जब बीसवीं सदी का महास्वप्न
ध्वस्त हो रहा था
इतिहास की मनोगत व्याख्याओं से निकले प्रेत
एक प्राचीन मस्जिद के गुम्बदों को मैदान बना चुके थे
और अमेरिका शीतयुद्ध को जीत लेने की अहंकारी घोषणाएँ कर रहा था
मुक्त बाज़ार की अर्थनीति हमें बड़े देशों के माल के बाज़ार में बदल
चुकी थी

लगभग इसी के आसपास बिल गेट्स का विंडो आया
और प्लास्टिक मनी का चलन शुरू हुआ

तो बैंक के ग्राहकों से...
जिनके लिए कहा जाता था कि ग्राहक ही हमारा भगवान है
वह भगवान सिंहासन से उतार दिया गया
कह दिया गया उस से
कि अब आपको बैंक के अन्दर आने
और लम्बी लाइनों में लगने की ज़रूरत नहीं

यह परिवर्तन हालाँकि सिर्फ़ इतना-सा परिवर्तन नहीं था
छिपी थी इसके पीछे एक नई अर्थनीति की भयावह शक्ल
ग्राहकों के सम्मान में लिखे गए महापुरुषों के सुभाषित
पलक झपकते ही फालतू हो गए
'आपका स्वागत है' और 'धन्यवाद पुनः पधारें' वाली तख़्तियाँ
हटा दी गईं
पीतल के वो टोकन ग़ायब हो गए
जिन्हें जेब में रखे-रखे, लम्बी लाइन में लगकर
नए परिचित बन जाते थे और पुराने परिचितों से
हो जाती थी दुआ-सलाम
वो मिलना-जुलना वो सामाजिकता हवा हो गई
ग्राहकों से कह दिया गया कि अब आपको
बैंक में आने की ज़रूरत नहीं!

आपको बस अपना कार्ड किसी भी ए टी एम मशीन में डालना है
बटन दबाना है और अपनी रकम निकालना है
और घर चले जाना है!
न काउंटर पर बैठे बाबू से झिकझिक करना है

न कैश काउंटर पर बैठी लड़की को नोट गिनते हुए तकना है

हाय! वो रोमांटिक ब्लैक एंड व्हाइट फ़िल्मों का ज़माना बीत गया
प्रेमपत्र लिखने और किताबों में फूलों को दबाकर रखने का
ज़माना बीत गया
ओ नई प्रौद्यागिकी! एक छोटी-सी सहूलियत
और तेज़-तर्रार गति के लिए
तू ने क्या-क्या न हमसे छीन लिया
तूने आसान किया है जीवन को लेकिन
सबके लिए तो तू आसान नहीं
देख उनकी तरफ़ देख
जो आसानियों के सामने जाने से घबराते हैं
हमेशा डरते रहते हैं कि कहीं कोई ग़लती न कर बैठें!
ये कैसी आसानियाँ हैं
कि सिकुड़ते जाते थे सम्बन्धों के घेरे
कम होता जाता है सम्बन्धों का ताप

थमा नहीं है,
अभी परिवर्तनों का सिलसिला, थमा नहीं है
डिज़िटल बैंकिंग ने तुम्हारी हथेली पर लाकर
रख दिया है तुम्हारा बैंक
तुम जब चाहो, जिधर चाहो
उधर भेज सकते हो अपना पैसा
ख़त्म हो रहा है पैसे के लेन-देन का चलन
नई प्रौद्योगिकी के इस नए अध्यात्मवाद में
माया को छूने के पाप से मुक्त कर दिया गया है तुम्हें!

अभी बदलना है, बदलते ही जाना है बहुत कुछ

बढ़ेंगी सहूलियतें और बढ़ेंगी नई परेशानियाँ भी!

नई तकनीकों के साथ दौड़ते-दौड़ते एक दिन थक जाओगे तुम,
पक जाएगा दिमाग़, और जब तौबा करने को उठाओगे हाथ
तभी तुम्हारे मोबाइल पर सीटी बजाएगा तुम्हारा बैंक, कहेगा
देखो, देखो मैं देश का सबसे बड़ा बैंक तुम्हारी जेब में हूँ
तुम्हारी हथेली की पकड़ में आ चुका हूँ मैं
तुम जब चाहे कर सकते हो तुम्हारा सारा लेन-देन
सुविधा और असुविधा की इस पहेली को
सुलझाना आसान नहीं!

यह मुश्किल होती जाती आसानियों का समय है!
या
आसान जीवन के लगातार मुश्किल होते जाने का समय!!

मैं आप ही से मुख़ातिब हूँ
मैं कहना चाहता हूँ
अपने नाती-पोतों को इन क़िस्सों को मत सुनाइएगा
वो हँसेंगे और उनकी हँसी आपको हँसी की तरह
प्यारी नहीं लगेगी। शायद!!

शायद आपको अपने बहुत पहले पैदा हो जाने का अफ़सोस हो
या हो सकता है कि ख़ुशी हो!!

[2020 से 3.3.2021]

प्रतीक्षा

जब कहीं किसी निर्धारित समय पर पहुँचना हो
मैं अक्सर वक़्त से पहले पहुँच जाता हूँ
वहाँ कोई नहीं होता जो मेरी प्रतीक्षा कर रहा हो
मैं ही बाद में आने वालों की प्रतीक्षा करता हूँ
यह हड़बड़ी शायद मुझे मेरे जन्म के साथ मिली है
कहा जाता है, मैं आठ मासा ही चला आया था कोख से बाहर
धरती और आसमान की जब आँख लगी ही थी
उसी समय मेरी पहली रुलाई ने उनके सपनों में खलल डाला

कभी-कभी मुझे लगता है मैं मनुष्य नहीं,
सिर्फ़ एक प्रतीक्षा हूँ
किसी क्लांत प्रजापति के शरीर से अग्नि के प्रकट होने की प्रतीक्षा
सरोवर के किनारे साइबेरिया से आने वाले पक्षियों की प्रतीक्षा
प्रजनन से पहले कौवों के घोंसला बनाने की प्रतीक्षा
विलम्ब से आने वाली बारिश की प्रतीक्षा
नींबू के वृक्ष पर फूल के फल बनने की प्रतीक्षा
रंगों से आकृति के आकार लेने की प्रतीक्षा
मृत्यु को पार कर मन के चन्द्रमा बन जाने की प्रतीक्षा

खुर के निशानों का पीछा करते हुए
खोये हुए जानवरों के मिल जाने की प्रतीक्षा

काँच की अल्मारी में रखा मैं एक जोड़ी जूता हूँ
जिसके तले में अभी तक कंकर, धूल, कीचड़ कुछ नहीं लगा है
जिसने न क्वार की धूप देखी है, न भादों की बरसात
जिसने न बसन्त का खिलना देखा है, न पूस की रात

मैं तो अभी अपने को पहन लिये जाने और
यात्रा पर निकल पड़ने की प्रतीक्षा कर रहा हूँ
देखने हैं कितने मुल्क, कितनी सड़कें नापना है मुझे
कितने नदी-नाले और झरने अभी मुझे हैं पार करने
क्या मैं एक महाकवि के अकेलेपन के बाहर
कहीं दूर खड़ी उम्मीद की नाव हूँ

कभी-कभी मुझे लगता है
मैं बहुत दिनों से बन्द पड़ी किताब हूँ
जिसके पन्ने अपने को पलटे जाने के लिए
किसी उँगली की प्रतीक्षा कर रहे हैं
किसी आँख की प्रतीक्षा कर रहे हैं जो
उसके अक्षरों पर ठहर सके
मैं अपने को पढ़े जाने की प्रतीक्षा हूँ
मैं उन होठों की प्रतीक्षा हूँ
जो ज़ोर-ज़ोर से उच्चरित करें मेरे शब्दों को
असुरों की नींद टूटे और वो उसे अपने पाप से बिद्ध कर दें
फिर ऐसे कटुवचनों का जन्म हो
जो बिना हिचक झूठ को झूठ, अन्याय को अन्याय कह सकें
मैं शब्दों में अर्थ के पैदा होने की प्रतीक्षा हूँ

मुझे क्षमा करें, शायद मैं निर्धारित समय से पहले आ गया हूँ
समय तो यहाँ थककर बैठा सुस्ता रहा है
मैं उसके उठने और फिर से चल पड़ने की
प्रतीक्षा हूँ!
मैं नहीं जानता बाक़ी लोग कब तक पहुँचेंगे
जिनकी आँखों में अब भी दुनिया को बेहतर बनाने का स्वप्न है

फ़िलहाल तो...
मैं उनके आने की प्रतीक्षा हूँ!

[25.8.16]